D1996191

Über dieses Buch

In der Vielfalt der Formen politischer Auseinandersetzung in der Bundesrepublik hat ein Element, das schon in den zwanziger Jahren ausgeprägt wurde, zunehmend wieder an Bedeutung gewonnen: die Agitation mit Plakaten, Flugblättern, Straßentheater und nicht zuletzt mit politischen Liedern. Den hier aufgenommenen Texten ist gemeinsam, daß sie die Belange der Arbeiterklasse vertreten, daß sie Gesellschaftskritik als Kritik am kapitalistischen Produktionssystem verstehen und daß sie sich der Vermarktung im profitorientierten Musik-Geschehen zu entziehen versuchen. Deshalb wurden auch diejenigen Liedermacher und Kabarettisten nicht aufgenommen, die in anderem Zusammenhang schon Wege zu einer größeren Öffentlichkeit gefunden haben. Einige der Texte entstanden spontan zu aktuellen politischen Vorgängen, andere berufen sich auf die Tradition der Agitpropgruppen der Weimarer Zeit. Um den historischen Rahmen zu verdeutlichen, wurden auch Beispiele aus der Zeit zwischen den Kriegen aufgenommen. Vor allem aber ist diese Anthologie eine Dokumentation dessen, was in Song- und Agitationsgruppen im Bereich der Arbeitswelt gegenwärtig hervorgebracht wird – ein Gebrauchs- und Kommunikationsgegenstand also für Liedermacher, Leser und Hörer der Arbeiterklasse. In verstärktem Maße wendet sie sich jedoch an alle, die sich mit dem flüchtigen Eindruck einer Abendveranstaltung nicht zufrieden geben und mit der Aussage – dem Versuch einer politischen Provokation – weiter auseinandersetzen möchten.

Arbeitersongbuch

Herausgegeben von
Wolfgang Bergmann, Horst Hensel,
Peter Kühne, Elke Nyssen

Fischer
Taschenbuch
Verlag

Originalausgabe
Fischer Taschenbuch Verlag
August 1973
Umschlagentwurf: Jan Buchholz / Reni Hinsch
Fischer Taschenbuch Verlag GmbH, Frankfurt am Main
© 1973 by Fischer Taschenbuch Verlag GmbH, Frankfurt am Main
Gesamtherstellung: Hanseatische Druckanstalt GmbH, Hamburg
Printed in Germany
ISBN 3 436 01770 1

Inhalt

Vorwort

Der vorliegende Band war als Anthologie geplant. Unter Einbeziehung älterer Arbeiterlieder sollten solche Texte und Lieder zusammengestellt werden, die in Partei-, Betriebs- oder Gewerkschaftszeitungen, in Flugschriften der Werkstätten für Literatur der Arbeitswelt, in einschlägigen Broschüren und wenig verbreiteten Agitpropbänden erschienen und als solche kaum mehr greifbar sind; Texte und Lieder, die sich, zusammengefaßt, — vielleicht — als Spurenelemente einer Tradition begreifen lassen, die es nun (bei soziologisch registrierbarem wachsendem Selbstbewußtsein der Arbeiter als Arbeiter, im Kontext bestimmter Ansätze zur Rekonstruktion der Arbeiterbewegung) erneut aufzunehmen gilt. Mit den Texten und Liedern sollte ihr jeweiliger historischer Ort, die Konfliktsituation, aus der sie entstanden, ermittelt und als nicht nur vereinzelt und zufällig verdeutlicht werden. Das Ganze: eine Beispielsammlung für ein immer noch imaginäres Zielpublikum potentieller Schreiber, Liedermacher, Leser und Hörer der Arbeiterklasse, — etwa nach der Devise: „So wurde es früher gemacht, so machen es heute schon vereinzelte Kollegen und Genossen, verstreute Gruppen sich selbst organisierender Arbeiterautoren. Hier ließe sich anknüpfen, hier könnte man weitermachen."
Im Zuge der Recherchen zeigte sich dann aber: Eine so skizzierte Anthologie wäre durch die reale Entwicklung bereits überholt. Die Tradition einer Gegenkultur der Arbeiterklasse ist nicht erst in Gang zu setzen, sie ist in Ansätzen bereits vorhanden. Die Zielgruppe für das vorgesehene Buch ist somit keineswegs imaginär, sondern durchaus auffindbar als informelles Bezugssystem proletarischer Literatur-, Song- und Rockgruppen und deren zumeist jugendliches Publikum. Nicht eine mehr oder weniger historisierende Beispielsammlung, sondern eine Dokumentation dessen, was bereits abläuft, ist also möglich, ein Gebrauchs- (und besonders Kommunikations)gegenstand für schon Betroffene. Wie durch eine Momentaufnahme sollen sie feststellen können, wie es um andere Gruppen steht, sollen sie vergleichen, sich kennenlernen, lernen und zueinander in Beziehung treten können. In verstärktem Maß diejenigen von ihnen, die noch am Anfang stehen. Schließlich auch diejenigen, die sich als Konsumenten mit dem flüchtigen Eindruck einer Abendveranstaltung nicht zufriedengeben und mit den inhaltlichen Aussagen — dem Versuch einer politischen Provokation — weiter auseinandersetzen möchten. In eine solche Dokumentation lassen sich auch historische Texte und Lieder einbringen. Allerdings unter dem Aspekt ihrer derzeitigen Verwendbarkeit, sei es, daß sie, wie sie sind, übernommen werden können, sei es, daß sie sich ohne großen Aufwand sowohl

textlich wie kompositorisch den derzeitigen Erfordernissen anpassen lassen.
Damit werden auch die Vorteile wie Nachteile einer Dokumentation in Taschenbuchform deutlich:
Vorteile: Das Taschenbuch ermöglicht einen relativ umfassenden Überblick zu relativ geringem Preis. Es wirkt den Selektionspraktiken der Kulturindustrie entgegen, die proletarischen Literatur- und Rockgruppen keine Chance läßt.
Nachteile: Der Wert der hier gebotenen Momentaufnahme (Stand Februar 1973) wird durch den Publikationstermin (August 1973) gemindert. Vor allem aber: Musik und erst recht Rockmusik läßt sich mittels bedrucktem Papier nur höchst unzureichend weitergeben. Der Versuch, wenigstens einige Melodien in Noten festzuhalten, ist unzureichend angesichts dessen, was von höchst komplexen musikalischen Arrangements übrigbleibt. Dennoch hat Christiane Schulz, Mitglied der Hamburger „Liedermacher“, einiges von weniger zugänglichen, zumeist selbst produzierten Platten auf Notenpapier übertragen.
Immerhin: Die Texte politischer Songs und Rockmusik und die Konfliktsituationen, aus denen sie entstanden, lassen sich dokumentieren. Und gerade das halten ihre Produzenten für wichtig, — im Interesse nachhaltiger politischer Wirksamkeit.
Über verschiedene Kontaktpersonen und -institutionen erhielten wir die Anschriften von mehreren Gruppen und Einzelnen, die wir zur Beteiligung am Projekt aufforderten. Dabei war uns klar, daß wir nicht alle erreichen konnten. Es fehlen vor allem solche Gruppen, die noch am Anfang stehen und bisher — jedenfalls überregional — nicht bekannt wurden.
Nicht angeschrieben haben wir diejenigen Liedermacher und Kabarettisten (Franz Josef Degenhardt, Hans-Dieter Hüsch, Dietrich Kittner, Rolf Schwendter, Dieter Süverkrüp), die sowohl ihre Texte und Lieder, wie auch ihr politisches Selbstverständnis in anderem Zusammenhang hinreichend dokumentieren konnten. Nicht einbezogen haben wir auch jene Kabaretts, die im eigenen Hause und damit — traditionsgemäß — vor einem überwiegend nicht-proletarischem Publikum spielen.

Den von uns erreichten Gruppen stellten wir die folgenden Fragen:

1. Wie ist eure Gruppe entstanden?
2. Aus welchen Leuten setzt sich eure Gruppe zusammen? (Alter, Beruf, Firma, Wohnort, Ausbildung, Verteilung von männlich/weiblich). Seid ihr organisiert?
3. Aus welchen Anlässen sind eure Lieder entstanden? (Zum Beispiel: Aus welchen politischen oder betrieblichen Konfliktsituationen?)

4. Habt ihr Schwierigkeiten mit der Publikation eurer Lieder und Texte? Welches sind eure Erfahrungen mit den einschlägigen Institutionen?
5. Welche Leute kommen in eure Veranstaltungen? Welche Reaktionen konntet ihr bei eurem Publikum feststellen?
6. Welchen Stellenwert hat eurer Meinung nach Musik bei der Herstellung von Klassenauseinandersetzungen?
7. Geht ihr auf Traditionen zurück, — und, wenn ja, auf welche?
8. Was erwartet ihr von einem Taschenbuch, wie wir es jetzt planen?

Die Beantwortung dieser Fragen sollte es uns ermöglichen, das politische Selbstverständnis der Gruppen, ihren derzeitigen Organisationsstand, die Restriktionen, die ihnen Öffentlichkeit vorenthalten, und die von ihnen selbst versuchte Funktionsbestimmung eines Polit-Song oder Polit-Rock darzustellen.
Beim Lesen der Antworten zeigte sich dann aber, daß die Gruppen von ihrer alltäglichen Praxis offenbar so sehr beansprucht sind, daß sie die theoretische Auseinandersetzung bisher nur ansatzweise führen konnten. Das betrifft vor allem die Antworten zum politischen Selbstverständnis bzw. zur Funktionsbestimmung ihrer Musik. Auf jeden Fall sollen sie im folgenden — kurz — ausgewertet und später, bei der jeweiligen Präsentation der Texte und Noten, auch im Wortlaut wiedergegeben werden.
Aus dokumentarischen Gründen, nicht aber, weil wir uns in jedem Fall mit Text und Inhalt der eingesandten Arbeiten identifiziert hätten, werden zumindest sämtliche *Gruppen* mit wenigstens einer Produktion präsentiert, auch und gerade dann, wenn es sich um Gruppen handelt, die noch am Anfang stehen und nur eine geringe Zahl an Texten/Noten zur Auswahl vorlegen können. War die Möglichkeit einer größeren Auswahl gegeben, so zogen wir abstrakt-parolenhaften Texten solche vor, die der konkreten Lebenssituation und dem sinnlichen Erfahrungsbereich bestimmter Zielgruppen (z. B. Lehrlinge, Strafgefangene, Fließbandarbeiterinnen) näherstehen, ohne doch ins Politisch-Unverbindliche abzugleiten. Einziges politisches Kriterium war das einer erkennbaren Parteinahme für die Belange der Arbeiterklasse in der Gesellschaft der Bundesrepublik. Dabei vermieden wir es, dieser oder jener Variante solcher Parteinahme den Vorzug zu geben. Soweit zugänglich, sollte das gesamte linke Spektrum dokumentiert werden.

Eines ist allen Arbeiter-Song-Gruppen gemeinsam: Gesellschaftliche „Mißstände“ werden nicht als vereinzelte Erscheinungen aufgegriffen, sondern auf ihre Ursache, die kapitalistische Organisation der Produktion, zurückgeführt. Trotz

dieser Gemeinsamkeit kann jedoch nicht von einer einheitlichen Arbeiter-Song-Bewegung gesprochen werden. Die Gruppen unterscheiden sich hinsichtlich folgender Kriterien: politisches Selbstverständnis (DKP-nahe, linkssozialistisch, antiautoritär), musikalisches Material (traditionell — Rockmusik), Stand der Organisation (z. B. Werkkreis, Westberliner Cooperative), Produktion und Vertrieb (Eigenproduktion, sozialistischer Musikverlag, etablierte Musikverlage).
Die meisten der hier präsentierten Songgruppen (z. B. die Bonner, die Düsseldorfer, die Münchner Songgruppe, die Songgruppe Adelante, die Lokomotive Kreuzberg) entstanden 1970/71 im Kontext und als Ergebnis eines registrierbar wachsendes Klassenbewußtsein der westdeutschen Arbeiter. Diese Gruppen verstanden sich von vornherein als politische Agitationsgruppen. Andere, die bereits seit Mitte und Ende der sechziger Jahre bestehen, haben sich erkennbar politisiert. Spielten sie zuerst, wie z. B. die Gruppe „Eulenspygel", „normalen Rock" für ein „normales Publikum", so begannen sie später, z. T. während der Kampagne gegen die Notstandsgesetze und der Kampagne für Kriegsdienstverweigerung usw., politische Songs zu singen. Oder aber die politischen Songs (vor allem aus der Ostermarschbewegung und der christlich humanitären Protestbewegung) wurden radikaler, z. B. diejenigen von „Kattong" und den „Conrads".
Die Texte entstanden teils spontan zu konkreten Ereignissen, wie z. B. der Schließung eines Werks oder zu einem Streik, teils arbeiten sie längerfristige Erfahrungen der Arbeiterklasse im Betrieb bzw. Reproduktionsbereich (Knast, Krankenhaus) auf, teils stützen sie sich inhaltlich wie musikalisch auf die Tradition der Arbeiterlieder aus der Weimarer Zeit, der Folklore und/oder der Singebewegung in der DDR. Verallgemeinernd läßt sich sagen, daß wohl alle Gruppen darauf hinarbeiten, ein zusammenhängendes Programm (wie „Kollege Klatt" von der „Kreuzberger Lokomotive" oder „Lucky Streik" vom „Floh de Cologne") zusammenzustellen.
Der größere Teil der präsentierten Gruppen bevorzugt gegenüber kommerziellen Veranstaltern Gewerkschaftsgruppen, linke Parteien, Jugend- und Basisorganisationen, auch wenn das „finanzielle Probleme" (Franz K.) mit sich bringt. Damit gehen sie einerseits gegen die Preispolitik der Konzertagenturen an, andererseits sichern sie sich die Möglichkeit verstärkter politischer Einflußnahme. Für einige ist „Hauptagitationsgebiet" außerdem „die Straße" (oder das Kaufhaus, der Supermarkt). Sie nehmen bewußt die Tradition der Agitprop-Gruppen der Weimarer Zeit, etwa des „Roten Wedding" oder der „Roten Raketen", auf. Straßenauftritte, so die Erfahrung dieser Gruppen, führen zu verstärkter Diskussion mit Passanten und zu der Möglichkeit, weitere Informationen zu geben. Aber auch bei Saalveranstaltungen gewerk-

schaftlicher und politischer Organisationen ist es möglich, mit einem Teil des Publikums zu diskutieren, vor allem über die dargestellten Inhalte. Ein größerer Teil des Publikums geht allerdings unmittelbar nach Schluß der Darbietung, weil, so die Vermutung der Gruppen, die Verbindung von Rockmusik und linken Inhalten nicht erwartet wurde und einen gewissen Schock auslöste:
„Starke Betroffenheit, die sich oft in Abwehr äußert. Präzise Auskünfte können wir leider noch nicht geben, da wir auch nach einem Jahr und etwa 40 Konzerten an verschiedenen Orten die Wirkungsweise noch nicht genau einschätzen können. Wir gehen davon aus, daß gerade der jugendliche Zuschauer ein Recht hat, sich zu unterhalten. Wir treffen ihn nur in seiner Freizeit an. Nun hört er folgendes: Rockmusik, wie er sie gewöhnt ist und wie er sie auch meistens mag, dazu deutsche Texte, erste Störung: die deutsche Sprache, er ist es nicht gewöhnt(!), dann wird er mit den Texten persönlich angesprochen, zweite Störung: das mag er nicht hören, er befindet sich in seiner Freizeit und meistens auf der Flucht vor Realität, hier wird er mit ihr konfrontiert. Gelingt es der Gruppe nun nicht, als Vertreter und Sprachrohr der Zuschauer anerkannt zu werden, ist ihre Arbeit negativ." (Volks-Musik)
Dem versuchen die Gruppen u. a. dadurch zuvorzukommen, daß sie auf abstrakt-parolenhafte Texte verzichten und stärker als bisher vom konkreten Erfahrungshorizont ihres Zielpublikums ausgehen: „Wir haben die Lieder in dem festen dramaturgischen Zusammenhang der Polit-Rock-Show geschrieben. Dabei gingen wir von den Erfahrungen aus, die wir auf dem Propagandasektor hatten und den Problemen, die wir aus der Zusammenarbeit mit Jugendlichen bei der Errichtung von Jugendzentren kannten. Zum großen Teil griffen wir jedoch auf unseren eigenen Bewußtseinsstand zurück und gingen in der Themenwahl auch davon aus. Das erwies sich sehr bald als fataler Irrtum, da unsere Zuschauer die Probleme, die wir ansprachen, größtenteils noch gar nicht problematisiert hatten und dadurch gar nicht verstanden, was wir eigentlich von ihnen die ganze Zeit wollen. Wir hatten diesen Fehler sehr schnell realisiert und die Show nochmals umgeschrieben. Jetzt sprechen wir nur noch Probleme an, die aus dem direkten Erfahrungsbereich unserer Zuschauer kommen: Familie, Schule, Betrieb. Gegen Schluß der Show versuchen wir einen gesellschaftlichen Zusammenhang herzustellen und auf die Ursachen der Probleme einzugehen. Die Kopflastigkeit unserer Arbeit ist auch die Ursache für die manchmal noch etwas hölzernen Texte, aber wir glauben, daß wir inzwischen dazugelernt haben. Wir gehen davon aus, daß wir keine Lehrlinge mehr sind, auch aus dem Alter heraus sind, dafür aber in der Lage, uns zu artikulieren, gute sinnliche Rockmusik zu machen und Jugendliche anzusprechen.

Einige Texte sind die direkte Umsetzung der Erzählung Betroffener in Songs. Da es äußerst schwierig ist, abstrakte Zusammenhänge in eine vorgegebene Form zu bringen, und die Zuhörer diese abstrakten Inhalte auch gar nicht im Zusammenhang mit der Musik, die wir machen, sehen wollen, beschränken wir uns auf Themen, die jeder in seinem eigenen Erfahrungsbereich nachvollziehen kann. Wir stellen bei der Verjüngung des Publikums eine zunehmende Abneigung gegen strenge Agitation fest. Da wir sinnvoll arbeiten wollen, werden wir in unserer neuen Show, an der wir gerade arbeiten, diese Abneigung vermeiden und mehr konkrete Informationen bringen." (Volks-Musik)
Auch die Gruppe „Kattong", die sich vorrangig mit Fragen des Strafvollzugs auseinandersetzt, diskutiert mit Strafgefangenen über ihre Probleme und arbeitet deren Erfahrungen in Songs und szenische Darstellungen um, die anderen Gefangenen dazu verhelfen sollen, ihre Situation zu erkennen und selbst zu ändern. „Christiane und Fredrik" lassen Kinder ihre Erfahrungen, Probleme und Wünsche erzählen, um sie dann in Lieder umzusetzen, die vor und von vielen Schülern gesungen werden. „Ton Steine Scherben" verarbeiten u. a. die Erfahrung der Besetzung des Georg-von-Rauch-Hauses in West-Berlin und die wiederholte Androhung der Bürokratie, das Haus von der Polizei räumen zu lassen; sie singen ihre Lieder im Georg-von-Rauch-Haus für die betroffenen „Besetzer".
Mehrere Gruppen beschränken sich im übrigen nicht auf die „Darbietung" ihres Programms, sondern verteilen Flugblätter mit Informationen und Adressen, an die diejenigen sich wenden können, die weiter politisch aktiv werden wollen. „Das durch unsere Show angefachte Interesse an der eigenen Situation unserer Zuhörer sollte natürlich von arbeitenden politischen Gruppen aufgefangen werden." (Volks-Musik)
Zweifellos läßt sich die Wirkung, die Arbeiter-Songs vor allem auf Arbeiterjugendliche haben, nur mittelbar und längerfristig feststellen. (Es wäre Aufgabe sozialistischer Kultursoziologen, eine Rezeptionsästhetik, die alle Bereiche der Arbeiterkultur umfassen müßte, zu erarbeiten). Die z. T. hohen Plattenauflagen und der Verkauf „linker" Platten (so wurden in vier Wochen 40 000 Platten des Anti-Strauß-Liedes der „Volks-Musik" verkauft) beweisen, daß ein Bedürfnis nach „Gegenkultur" besteht. Daß Arbeiter-Song-Gruppen nicht wirkungslos sind, beweisen auch die Reaktionen der Kulturindustrie. Der größte Teil der Gruppen hat keinerlei Chance, — etwa in ein aktuelles Pop-Magazin einer Hörfunk- oder Fernsehanstalt aufgenommen zu werden. Diejenigen, denen es gelang, berichten von einer Zensur der Aufnahmen, von nachträglichen Interview-Verschnitten und anderen Disziplinierungen. Einige Gruppen berichten von Restriktionen speziell der Plattenindustrie.

Um diese Schwierigkeiten mit Musikverlagen zu unterlaufen und um ihre Platten zum Selbstkostenpreis verbreiten zu können, sind einige Gruppen dazu übergegangen („Volksmusik“, „Ton Steine Scherben“ und demnächst auch „Franz K.“), Platten selbst herzustellen und zu vertreiben. Die organisatorische Vermittlung von politischer Erfahrung, musikalischem Material und Existenz der Gruppen wird so an der Basis hergestellt.
Eine Organisationsform, die Basisorientierung mit der Herstellung regional übergreifender Gegenmachtpositionenverbände, ist allerdings noch nicht in Sicht. Beinahe sämtliche hier präsentierten Song- und Rockgruppen blieben bisher — von gelegentlicher Kooperation abgesehen — auf sich selbst gestellt. In West-Berlin, also noch immer auf regionaler Ebene, haben sich die „Lokomotive Kreuzberg“, „Hoffmanns Comic Theater“, das „Kreuzberger Straßentheater“, die „Zentrifuge“, Peter Keiler u. a. zur „Berliner Volkstheater Cooperative“ zusammengeschlossen. Cooperative soll heißen: „Austausch von politischen, künstlerischen und praktischen Erfahrungen, gemeinsame Werbung.“ Erstes Ergebnis: Eine vierstündige Non-Stop-Show der „Lokomotive“, der „Hoffmanns“ und Peter Keilers an drei aufeinanderfolgenden Tagen.
Das Organisationsmodell des „Werkkreises Literatur der Arbeitswelt“, der bisher einzigen überregionalen Selbstorganisation einer Arbeiter-Gegenkultur, wurde von den Songgruppen offenbar noch nicht beachtet und auf seine Brauchbarkeit auch für sie überprüft. Es verbindet die Konstituierung relativ autonomer dezentralisierter (lokaler) Werkstätten mit zentraler Koordinierung überregionaler Aktionen und Publikationen durch gewählte Vertretungsorgane (Delegiertenkonferenz und Sprecherrat).
Mit der gelegentlichen Aufhebung arbeitsteiliger Eingefahrenheit: Hier überwiegend Text-, da überwiegend Musikproduktion (Songgruppen entwickeln zusammen mit Werkkreisautoren oder -gruppen ihr Programm; so der IG Metall-Chor und die Werkstatt Köln) dürfte die gegenseitige Informationssperre jedoch zunehmend durchbrochen werden. Allerdings mißt der Werkkreis nach wie vor den Gewerkschaften eine Art „Rahmenkompetenz“ zu: „Die Gewerkschaften sind von ihrer gesellschaftlichen Position her eigentlich die stärkste Kraft, eine von den Profitinteressen unabhängige Gegenkultur im Interesse der arbeitenden Bevölkerung zu fördern und organisatorisch zu stützen. Sie haben ihre Bildungsaufgabe bisher fast ausschließlich auf dem Sektor Arbeit wahrgenommen, ihren Mitgliedern gelegentlich kleine Appetithäppchen der hohen Kultur unvermittelt vorgesetzt und sie sonst auf diesem Gebiet fast ohne Hilfe und Rat den Angeboten der profitbringenden Konsumkultur überlassen. Sie haben die Bedeutung des Bereichs Kultur für die Bildung

auch des politischen Bewußtseins der arbeitenden Menschen verkannt bzw. sich zu gutgläubig darauf verlassen, daß die staatlichen Instanzen der parlamentarischen Demokratie auf dem Gebiet der Kultur die Profitinteressen abwehren würden. Erst in jüngster Zeit geht hier eine allmähliche Änderung vor sich, indem die Gewerkschaften ihre Verantwortung für die humane Entwicklung der Gesellschaft in allen ihren Bereichen entdecken und sich dieser Verantwortung zu stellen beginnen." (Erasmus Schöfer, Sprecher des Werkkreises)

Der größere Teil der Gruppen — vor allem aber diejenigen, die der DKP nahestehen — beantwortet die Frage der Funktion der Musik bei der Herstellung von Klassenauseinandersetzungen mit der Transportmittel-Theorie. Danach ist die Musik etwas Zweitrangiges, ein Mittel, über das politische Inhalte transportiert werden. Einige Gruppen widersprechen dem, ohne ihrerseits eine Funktionsbestimmung zu leisten. Dennoch lassen sich aus unseren Gesprächen und Diskussionen mit Songgruppen die folgenden Anmerkungen und Anfragen an die Transportmittel-Theorie formulieren:

„Bei der Musik müssen wir nachweisen, wo das Verhalten eines Menschen falsch ist."

„In der Musik handelt es sich um Gefühle. Die Gefühle müssen in der Musik gereinigt werden."

Hanns Eisler

Die menschliche Affektivität, Emotion, Phantasie unterliegt, wie alle Bereiche einer Waren tauschenden Gesellschaft, einer tiefen Zerrissenheit: das Subjekt und die gesellschaftliche Wirklichkeit, die über es verfügt, treten auseinander, verknüpfen sich wieder in der beschädigten, verfälschten, verkehrten Erfahrung.
Agitation muß darauf reagieren, den Prozeß der Verkehrung aufnehmen, beschreiben: muß „diese versteinerten Verhältnisse dadurch zum Tanzen zwingen, daß sie ihnen ihre eigene Melodie vorsingt" (Karl Marx). Es hilft nichts, dem falschen Bewußtsein die richtigen Losungen vorzuhalten. Es hilft beispielsweise nichts, daß Agitation die diffuse, ungerichtete Aggression eines Lehrlings auf die Ausbildungsverhältnisse lenkt, wenn sie nicht alle Momente der Aggression selbst in sich aufnimmt. Komplexe Zusammenhänge, langfristige politische Zielsetzungen sind dem Bewußtsein nur in Lernschritten unmittelbarer sinnlicher Erfahrung zugänglich.
Also: Mit jedem Schritt muß Agitation die Wahrheit, die sie beschreibt, erst herstellen, das heißt: sie muß auf das lebendige, tätige Subjekt zurück wirken. Ohne es, in ungegen-

ständlicher Verallgemeinerung, bleibt sie eine leere Geste, ein abstraktes, exclusives Sprach- (und Musik)gehäuse. Musikalische Agitation muß politische Erfahrung machen.
Von daher erwirbt sie die Fähigkeit zur Erkenntnis und Vermittlung zugleich: Jede (auch musikalische) Ideologie zeigt eine besondere Stelle auf, an der die innere und äußere Organisation des Menschen in Widerspruch treten. Ein Beispiel: Im karnevalistischen Schunkeln äußert sich gewiß ein Verlangen nach körperlicher Nähe, sinnlicher Solidarität, aber eingebunden in ein Ritual, das dem Verlangen seinen allgemeinen Charakter nimmt. Agitation darf nun nicht (gleichsam aus hilfloser „Sehnsucht nach den Massen") den Rhythmus des Schunkelns einfach aufnehmen, sie muß statt dessen das Ritual kenntlich machen, um das darin enthaltene Bedürfnis freizusetzen. (Dazu braucht es eine Ahnung des Bedürfnisses selbst, denn nur diese materielle — triebökonomische — Grundlage, in die alle Verfälschung menschlicher Lebensäußerungen gebunden ist, wäre auch stark genug, die Verfälschung aufzubrechen).
In politischen Konflikten wird nun (wie partikular auch immer) jener Widerspruch innerer und äußerer Organisation des Menschen wieder aufgenommen: Die verstellten Bedürfnisse beschreiben die Geschichte ihrer Verkehrung selbst, indem sie sich aus den Gewaltverhältnissen lösen, an denen sie gescheitert sind. (Und ahnen, in der Aktualisierung des Widerspruchs, einen Zustand voraus, in dem Subjekt und Objekt einander entsprächen.)
Wenn musikalische Agitation also gesellschaftliche Erfahrung aufgenommen und zu jenem Widerspruch zurückgeführt hätte, an dem sie der Verdinglichung verfiel, wäre sie der konkreten politischen Situation um jenes Stück voraus, das diese bereits in sich trägt. Sie wäre nicht abstrakt, aber auch nicht empirisch, ein Medium zur Austragung des Widerspruchs: sein revolutionärer Teil. Eine — etwa von einer Partei — strategisch dienstbar gemachte Agitation hat diese Möglichkeit vergeben.
Hanns Eisler hat in seinen Gesprächen mit Hans Bunge darauf hingewiesen, daß der Musik ein besonderer Anteil an der Artikulation menschlicher Erfahrung zukommen könne. Das Ohr ist archaisch geblieben, gleichsam vorkapitalistisch. Dies stellt sozialistische Musiker vor die Frage, wieweit der musikalische Ausdruck konkret auf gesellschaftliche Erfahrung bezogen werden kann. Fehlt ihnen doch heute jenes Wechselverhältnis zu den Erfahrungen der Massen, das in den entfalteteren Klassenkämpfen der zwanziger Jahre dem Apitprop zu Schärfe und politischer Stoßkraft verhalf. Zugleich zeigt sich entwicklungsgeschichtlich eine Verarmung: das Ohr, das Organ nicht nur rationaler menschlicher Kommunikationsvorgänge, ist in der historischen Entfesselung gebundener Rationalität nicht „mitentwickelt" worden. Eben

darin liegt aber sein Potential an Humanem: Dem partikularen Verwertungsinteresse nicht unmittelbar unterworfen, behielt es seine Aufnahmefähigkeit, eine „Erinnerung" gleichsam, an den kollektiven Charakter vorbürgerlicher Produktion. Als Beschreibung verlorengegangener menschlicher Verhältnisse könnte sozialistische Musik somit agitatorische Kraft entwickeln. Man vergewissert sich des Vergangenen, um im Gegenwärtigen Kriterien einer noch ungreifbaren Zukunft zu entwickeln: die „Zeitlosigkeit" des menschlichen Ohrs entspricht dem. Es bleibt gleichsam wach für den gesellschaftlichen Zusammenhang der im Warenverhältnis Atomisierten.

Die Rekonstruktion des gesellschaftlichen Zusammenhangs wie ihre emotional mächtigen emotionalen Ausdrucksformen, die Kultur, muß aus den Massen selbst erwachsen. Die Frage nach dem sozialistischen Massenlied (wie es das „Einheitsfrontlied" war) wäre in der gegenwärtigen Phase spekulativ, künstlich. Der Schritt zum Massenlied führt über kollektive politische Arbeit.

Dennoch haben die Massen nie ganz auf den künstlerischen Ausdruck ihrer Lage verzichtet. Zu Recht glauben deshalb einige sozialistische Agit-Gruppen, im „Rock" ein Stück authentischer Massenkultur gefunden zu haben, einer Musik freilich, die sich ihrer politischen Zielsetzung nie bewußt war und die ihres inneren Zusammenhangs zur proletarischen Erfahrung in der Kommerzialisierung weitgehend beraubt worden ist.

Immerhin weist die Geschichte dieser Musik den „Rock" als originär, als aus der unmittelbaren Lage des Volkes erwachsen aus: Eine Geschichte, die vom Country-Blues — dem resignierten, aber ganz unsentimentalen, harten Rhythmus eines politisch diffus-rebellischen Bewußtseins — bis hin zum aggressiven „Beat" reicht, der Musik eines teilweise arbeitslosen depravierten jugendlichen Proletariats, das in den Kellern von Liverpool an die Anfänge des Jazz anknüpfte. Dazwischen und davor liegt die Geschichte der Kommerzialisierung, die in der Karriere der Beatles ihren symptomatischen Ausdruck fand. Um den „Beat" auf die Ausdrucksebene der Warenkultur herunterzubringen, mußte er von seinen konkreten, sinnlichen Ausdrucksqualitäten, dem Spezifischen, Nicht-Tauschbaren, gereinigt werden. Die Musik der Beatles und mit ihr einer ganzen Pop-Kultur verwandelte den harten, stampfenden rebellischen Rock-Rhythmus zur harmonischen Glätte einer scheinhaft-progressiven Elektronik, die dann auf das Bewußtsein der proletarischen Jugendlichen zurückwirkte. Ihre Massenwirksamkeit ist dennoch nur dadurch erklärbar, daß sich in ihrer Kommerzialisierung Anklänge an ihren proletarischen Charakter erhielten. Nur auf der Basis dieses latent gehaltenen, stets abrufbaren Widerspruchs kann sich die imperialistische Kultur entfalten. Sie muß dem, was sie

enteignet, um sich selbst betrügen will, immer ähnlich bleiben, um es desto sicherer, schärfer zu treffen.
Wenn sozialistische Agitation den proletarischen Charakter des „Rock“ und „Beat“ herausarbeitet und mit politischen Texten, Inhalten konkretisiert, kann sie sich diese unvermeidliche Dialektik nutzbar machen. Zwar ist der „Beat“ in der Geschichte seiner Kommerzialisierung nicht unbeschädigt geblieben. In der derzeitigen Phase wird es so sein, daß der politische Inhalt abstrakt an die Musik herangetragen, aufgesetzt werden muß, während die Musik selbst von den Ausdrucksformen der Kulturindustrie kaum unterscheidbar ist. Aber beide, Text und Musik, haben eine gemeinsame Grundlage, die sie zusammenführt in der Rekonstruktion eines qualitativen Moments: der Erfahrung der Massen.

Dortmund, Februar 1973

Wolfgang Bergmann
Horst Hensel
Peter Kühne
Elke Nyssen

Die Münchner Songgruppe

Die Gruppe besteht aus sechs Mitgliedern im Alter von 21 bis 29 Jahren: Sekretärin, kaufmännischer Angestellter, Briefträger, Angestellter, Studentin, Student, alle in München.
Die meisten Lieder der Münchner Songgruppe „entstanden unmittelbar zu konkreten Anlässen, z. B. Naziveranstaltungen, Nobelpreisverleihung an Brandt, Seeuferskandal in Bayern, Tariferhöhungen bei den öffentlichen Verkehrsmitteln, Lohnkampf der bayrischen Metaller".
„Eine ganze Reihe von Liedern" — darunter auch die hier abgedruckten — „befassen sich jedoch mit mehr langfristigen Themen, z. B. Kampf um Mitbestimmung . . ."
Die Münchner Songgruppe veröffentlichte ihre Texte und Lieder im „pläne"-Verlag, im Agitprop-Textdienst und in linken Zeitungen.
Vorbilder der Songgruppe „sind die Agit-Gruppen der 20er Jahre".

Streiklied
(Mann der Arbeit . . .)

Tag für Tag stehst du am Fließband
Lebst von deiner Arbeitskraft
Und dein Lohn reicht grad zum Leben
Wenn auch deine Frau mitschafft
Aber tausend Mark die Stunde
Kriegt, der keinen Finger krümmt
Kriegt, der die Fabrik besitzt und
Der das, was du herstellst, nimmt

Refrain:
Mann der Arbeit, aufgewacht
Und erkenne deine Macht
Alle Räder stehen still
Wenn dein starker Arm es will
Mann der Arbeit, aufgewacht

Immer schneller treibt das Fließband
Schneller steigt die Produktion
Schneller steigen auch die Preise
Doch was nicht steigt ist dein Lohn
Kämpfst du dann mit der Gewerkschaft
Für Tarifverbesserung
Drohn die Bosse mit Entlassung
Kurzarbeit und Aussperrung

Refrain

Drum, Kollegen, heißt es kämpfen
Für mehr Lohn und für mehr Recht
Für die Kraft, mit der ihr dann die
Unternehmerherrschaft brecht
Und wie eure Zukunft aussieht
Das entscheidet eure Tat
Denn die stärkste aller Klassen
Ist das Proletariat

Refrain

Text: Nach Herwegh/Hacks. Bearbeitung: MSG
Musik: Klaus Schneider

Lehrlinge, zusammenhalten

Der Schüler Fritz, der wollte gern
Ein Werkzeugmacher sein
Die Blechfabrik sucht Lehrlinge
Sie stell'n den Fritz auch ein
Er ist jetzt bald zwei Jahre da
Ihr werd's nicht glauben wolln:
Er darf im zweiten Lehrjahr schon
Für alle Brotzeit hol'n

Refrain:
Brotzeit holen ist nicht Sache
Also protestier'n
Lehrlinge, zusammenhalten
Lehrlinge, zusammenhalten
Und organisier'n

Der Meister meint: ich helf' dir schon
Aus dir soll mal was wer'n
Drum bleibst du heut' um Fünfe da
Und tust die Werkstatt kehr'n
Und wenn dir das nicht paßt, mein Freund
Beklag dich doch beim Chef
Da kriegst du einen Tritt in' Arsch
Und den Entlassungsbrief

Ärschetreten ist nicht Sache . . . (Refrain)

Der Lehrling Willi wäre gern
Elektrotechniker
Bloß im Berufsschulunterricht
Gefällt's ihm garnicht sehr
Statt Wissenschaft und Technik
Vier Stunden Religion
Der Pfarrer singt: Das Himmelreich
Ist euer schönster Lohn

Himmelreich ist nicht die Sache . . . (Refrain)

Weil wir grad bei den Löhnen sind
Der Lehling Heinrich klagt
Daß er so wenig Piepen kriegt
Wo er sich doch so plagt
Sein Boß sagt: du begreifst es noch
Du mußt bloß meditier'n
Du darfst nach Feierabend noch
Mein' Pudel gassi führ'n

Gassiführen ist nicht Sache . . . (Refrain)

Da war erst jüngst ein schönes Fest
Beim Siemens-Großkonzern
Die Lehrlinge, die sollten da
Hübsch freigesprochen wer'n
Mit Streichquartett und Blumentopf
Und einer Festansprach'
Da war'n so viele Lügen drin
Uns war's ganz schlecht danach

Festansprache ist nicht Sache . . . (Refrain)

Die Lehrlinge, die hätten sich
Auch noch bedanken soll'n
Sie ham gesagt: wir tun es nicht
Weil wir es nicht tun woll'n
Und einer ist ans Mikrophon
Da war es gut zu hör'n:
Wir woll'n uns nicht bedanken, nein
Wir wollen uns beschwer'n

Dankesagen ist nicht Sache . . . (Refrain)

Die Herren sind, wenn wir es woll'n
Wie Altpapier im Wind
Es lebe die Aktionseinheit
Sie zeigt, wie stark wir sind
Wir wollen nicht mehr Knechte sein
Wir bieten jetzt die Stirn
Und wißt ihr, was bei Lenin steht
Das müßt ihr mal studier'n

Knechtsein ist nicht unsre Sache . . . (Refrain)

Frau Meier sitzt weinend im Zimmer

Frau Meier sitzt weinend im Zimmer.
Es ist schon sehr spät in der Nacht.
Sie hat seit heut früh um halbfünfe
den Tag mit viel Arbeit verbracht.
Erst macht sie für Vater das Frühstück,
versorgt dann auch Tochter und Sohn.
Dann steht sie acht Stunden am Fließband
für einen sehr niedrigen Lohn.

Warum ist mein Lohn denn so nieder,
hat sie den Direktor gefragt.
Der hat ihr mit wenigen Worten
brutal seine Meinung gesagt.
„Die Frau ist nun mal von Natur aus
fürs billige Arbeiten da.
Das war so und ist so und kann sich
nicht ändern. Das wissen Sie ja."

So wie der Frau Meier geht's vielen
der Frauen in unserem Land.
Ihr Leben voll Mühe verläuft so,
so wie in der Sanduhr der Sand.
Und nur von der Frau vom Direktor
heißt's, daß sie was „Höheres" ist,
weil sie ihren Käs' so manierlich
und nur vom Porz'llanteller frißt.

Frau Meier steht Posten am Werkstor,
denn heut streikt der ganze Betrieb.
Dafür, daß der Boß vom Profite
'nen höheren Anteil abgibt.
Der Boß ist so trüb und so traurig,
Frau Direktor so kreidebleich,
Und Wolken zogen schaurig,
Und Wellen schlug der Teich.

Der Boß hat so rötliche Augen.
Frau Meier ist fröhlich und lacht
Und spürt in ihrem Busen
ein bißchen von Arbeitermacht.
Zusammen mit ihren Kollegen
hat sie den Kampf geführt.
Zusammen mit ihren Kollegen
gewerkschaftlich organisiert.

Und fragt ihr, ihr Arbeiterfrauen:
Wie soll denn da Änderung sein?
Es wird sich von selber nichts ändern,
Ihr müßt die Veränderer sein.
Und nehmt doch zum Beispiel Frau Meier,
die stammt doch aus eueren Reih'n.
Frau Meiers entschlossene Haltung
soll euch eine Anleitung sein.

Text: Wolf Brannasky
Melodie: „Mariechen saß weinend im Garten"

IG-Metall-Chor

Seit 1966 gibt es in Köln den IG-Metall-Chor. Die Anfangsstärke von 10 Mitgliedern stieg im Laufe der Arbeit auf etwa 40—50 Mitglieder, „. . . schmolz jedoch in den letzten 1 1/2 Jahren auf etwa 25 Leute zusammen. Die Ursache für diesen auffälligen Mitgliederschwund . . . ist . . . auf die zunehmende Politisierung des Chores zurückzuführen und der damit verbundenen negativen Reaktion jener ‚schweigenden Mehrheit'." Instrumente: Klavier/Orgel, Gitarren, Flöten/Percussion. Während seiner ersten Jahre war also der IG-Metall-Chor einer der üblichen Gesangvereine. Dieses Selbstverständnis, das einer entsprechenden Praxis korrespondierte, wurde durch 3 Dinge zerstört: „1. Inhaltliche Kritik an den bisher gesungenen Liedern", so daß am 1. Mai 1971 auf dem Kölner Neumarkt erstmalig Lieder wie das Solidaritätslied und das Einheitsfrontlied von Brecht/Eisler gesungen wurden. „2. Neue Funktion des Chorleiters. . . . Nicht formale Fragen, sondern inhaltliche Probleme wurden besprochen . . .". „3. Zusammenarbeit mit dem Werkkreis Literatur der Arbeitswelt. Auftritte bei aktuellen Anlässen."
„Der Politisierungsprozeß ist inzwischen so weit fortgeschritten, daß jedem Chormitglied bewußt geworden ist, welche Rolle es im gesellschaftlichen Prozeß spielen kann, daß es nun jedoch darauf ankommt, um so entschiedener für die Ziele der Arbeiterschaft einzutreten. Diese wird sich mit Sicherheit bei den nächsten Auftritten zeigen."

Im Kapitalismus

Damit ich existieren kann
da spuck ich in die Hände
die Stoppuhr gibt das Tempo an
am Jahresende scheffeln dann
die Herrn die Dividende

Die Stoppuhr regelt unsern Lohn
beim Krauter wie bei Thyssen
sie treibt dich an, mach schneller schon
sie sagt dir, wann du fressen darfst
wann scheißen oder pissen

Akkord, Akkord, der Kumpel schwitzt
tagtäglich, jede Woche
halb taub vom Lärm und ölbespritzt
weißt du, wie ihm zumute ist
bei seiner Scheißmaloche

Der Boß ist hier der Herr im Haus
trotz manchem Schönheitspflaster
er stellt uns ein und schmeißt uns raus
drückt unsern Lohn und saugt uns aus
wir schuften, er macht Zaster

Du kannst nicht mehr so schnell, Prolet
egal, mach schnell, laß gehn
du weißt, daß man es nicht versteht
wenn's mit dem Tempo nicht mehr geht
dann kannste stempeln gehn

Genau gesagt liegt's am System
laßt uns den Kampf beginnen
wenn wir die Herren heißen gehn
erst dann wird unser Leben schön
der Anfang: *Mitbestimmen*

Text: Günter Hinz (Werkstatt Essen)
Musik: Luca Lombardi

Der 1. Mai hat 365 Tage!

Am 1. Mai kann man die Zukunft ahnen —
uns ist die Straße, Solidarität ganz groß!
Am Neumarkt keine Straßenbahnen —
nur Arbeiter und ihre Fahnen!

Doch überlegt mal bloß:

Zwar hört heut jeder gern die starken Reden,
aber, verdammt, im stillen ärgerts jeden,
daß morgen wieder Chefs die Reden schwingen
und uns in ihre Mehrwertmühle zwingen.

An jedem andern Tag im Jahr steigt der Profit
der Bosse, stößt sich der Chef an uns gesund.
Das macht der eine 1. Mai nicht quitt!
Wir kommen immer wieder auf den Hund!

Drum überlegt mal bloß:

Was nutzt am 1. Mai der ganze Dampf?
Bleiben wir dumme Partner, ist das Krampf.
Erst wenn wir selbst die Wirtschaft für uns lenken
ist wirklich Mai. Das wird man uns nicht schenken.

Drum müssen wir aus jedem Tag im Jahr
Kampftage unsrer Interessen machen.
365 erste Maie —
Da hätten Unternehmer nicht zu lachen!

Jetzt überlegt mal bloß:

Gemeinsam ist das gar nicht schwer zu schaffen:
Wir machen die Gewerkschaft hart und groß
mit Solidarität und Mut als Waffen!
Dann sind die Bosse morgen arbeitslos!

Text: Werkstatt Köln,
Musik: Luca Lombardi

Hamburger Liedermacher

Die Gruppe bildete sich im November 1970 und hatte damals acht Mitglieder. Sie entstand durch Spaltung von einer bereits bestehenden Gruppe: so hatte man von Anfang an verhältnismäßig feste Vorstellungen von der Arbeit. In Zusammenarbeit mit sozialistischen und demokratischen Organisationen werden politisch aktuelle Programme zusammengestellt und mit Ereignissen aus dem Erfahrungsbereich der Zuhörer verknüpft: den wichtigeren Teil der Agitation sehen die Hamburger in der Diskussion.
Das Alter der Mitglieder liegt zwischen 16 und 40 Jahren. Ihre Berufe: Arbeiter, Angestellte, Schüler, Studenten und eine Hausfrau. Die meisten sind organisiert.

ABC-Song

ABC — das Lernen tut nicht weh.
Es macht uns sogar großen Spaß,
wer Wissen hat, verändert was!
ABC — das Lernen tut nicht weh!

DEF — so steht's in uns'rem Heft,
doch mühen wir uns häufig ab:
Die Lehrer sind noch viel zu knapp!
DEF — das steht dann nicht im Heft! (gesprochen)

GHI — wir gehn nicht in die Knie!
Wer jetzt die Bildung vorenthält,
der hat die Zukunft schlecht gestellt. (gesprochen)
GHI — so lernen wir es nie!

JKL — drum ist es nur reell,
wenn wir jetzt mitberaten wolln,
für was und wie wir lernen solln.
JKL — das ist doch nur reell? (gesprochen)

MNO — denn klar ist sowieso:
In Schulbehörde und Senat
hat Bildungsplanung glatt versagt! (gesprochen)
MNO — klar ist das sowieso.

PQR — so hat's der Schüler schwer:
Die Lehrinhalte sind passé,
die Lehrer müde, Schulraum fehlt!
PQR — doch folgt darauf noch mehr!

STU — die Uni bleibt noch zu,
für viele, die mit Fleiß und Kraft,
die Hochschulreife sich geschafft.
STU — warum bleibt sie denn zu? (gesprochen)

VWX — berappen will man nix.
An Geld, das allen sollte nützen,
bereichern sich, die schon besitzen. (Gesprochen)
VWX — berappen wolln die nix!

YZ — der Bildungsnotstand hätt'
in unserm Land ein Ende,
wenn sich die Mehrheit fände—
YZ — für uns im Parlament!

Melodie: Thomas Jahn

Düsseldorfer Songgruppe

entstand 1971 aus einem Arbeitskreis „Freizeit und Kultur“ der SDAJ. Sie hat zur Zeit zehn Mitglieder im Alter von 15—24 Jahren (3 Schüler, 2 Studenten, 1 Starkstromelektriker, 1 Kindergärtnerin, 1 kfm. Angestellter, 2 Schauspieler).
Instrumente: 2/3 Gitarren, Blockflöten, Melodika, Mundharmonika, Cason, Akkordeon, Schlagzeug.
Die Texte und Lieder, die sie zu einem zusammenhängenden Programm montiert (z. B. „Lohnbewegung 1972/73“), übernimmt sie zum Teil auch von anderen Gruppen und Textautoren (Hannes Stütz, Fasia, Artur Troppmann, Regina Korn, Floh de Cologne, Monika Sperr u. a.). So hat sie auch das hier abgedruckte Lied „Sieh dich um in deiner Stadt“ von der Bonner Singegruppe übernommen und entsprechend den Düsseldorfer Verhältnissen umgetextet. Themen der Gruppe: Preissteigerungen, Unternehmerwillkür, Umweltverschmutzung, Berufsverbote u. a.
In einem „DSG agitprop-info“ veröffentlicht und diskutiert sie ihre Texte und wendet sich in eigener Sache direkt an ihr Zielpublikum: Lehrlinge und Schüler. „Bei unserer Hauptzielgruppe . . . machen wir vor allem eine Erfahrung: die für unsere Begriffe einfachsten Zusammenhänge und auch Begriffe werden oft nicht verstanden (‚Produktion — was ist das?‘). Es kommt für uns jetzt also darauf an, unser Programm . . . so verständlich wie möglich zu machen.“

Fragen eines Stadtbewohners

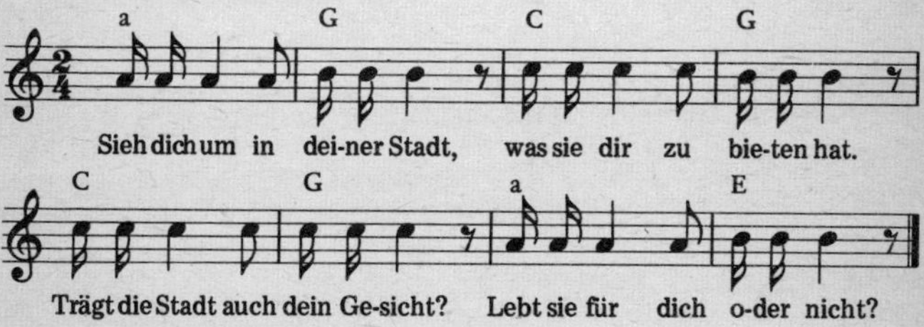

Sieh dich um in deiner Stadt,
Was sie dir zu bieten hat.
Trägt die Stadt auch dein Gesicht?
Lebt sie für dich oder nicht?

Neue Häuser, neue Straßen
Riesige Paläste wachsen
Ist es das, was dir behagt?
Hat man dich danach gefragt?

Deine Stadt, die wird saniert
Tradition wird liquidiert
Neues Leben, gibt es das?
Schiebt man euch aufs Abstellgleis?

Gibt es Lehrer und auch Schulen?
Kippt man Gift in Abfallkuhlen?
Wieviel macht die Miete aus?
Wer bestimmt in Stadt und Haus?

Was bezahlst du für den Bus?
Wie verdreckt ist euer Fluß?
Wie weit ist der Weg zur Schicht?
Hat das in der Stadt Gewicht?

Betten in den Krankenhäusern
Spielplätze und Kinderheime
Hat die Stadt genug davon?
Steht das vornean im Plan?

Menschen wohnen in den Städten
Menschen schaffen in Fabriken
Überall Veränderung
Steht der Mensch im Mittelpunkt?

Sieh dich um in deiner Stadt
Was sie dir zu bieten hat
Trägt die Stadt auch dein Gesicht?
Lebt sie für dich oder nicht?

Text und Musik: Volker Rohde
Bearbeitung: Düsseldorfer Songgruppe

Entscheide Dich für Dich!

Schnell

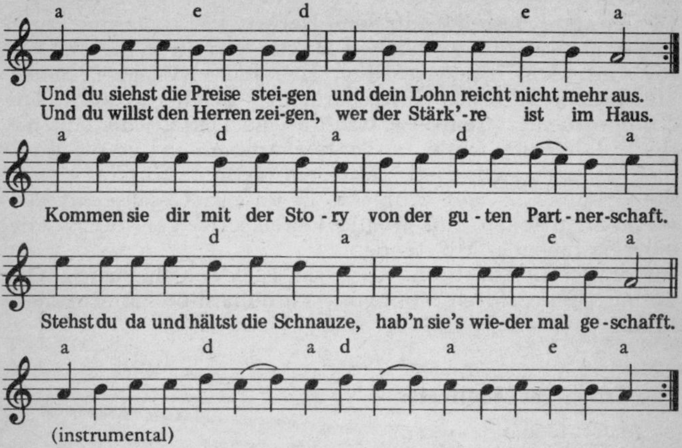

Und du siehst die Preise steigen.
Und dein Lohn reicht nicht mehr aus.
Und du willst den Herren zeigen,
wer der Stärk're ist im Haus.
Kommen sie dir mit der Story
von der guten Partnerschaft.
Stehst du da und hältst die Schnauze,
hab'n sie's wieder mal geschafft.

Und du siehst, sie werden dreister.
Und sie spielen Herr im Haus.
Ihr Profit wird immer feister.
Du allein, du gehst leer aus.
Kämpfst du dann in der Gewerkschaft
für mehr Recht und besseren Lohn,
geben sie dir bald den Laufpaß
aller Partnerschaft zum Hohn.

Du mußt seh'n: da hilft nur eines.
Nimm das Heft in deine Hand.
Denn sonst hast du keine Chance
hier in diesem, deinem Land.
Wenn du willst, daß sich was ändert,
daß die Macht der Herren bricht,
dann zieh' jetzt die Konsequenzen
und entscheide dich für dich!

Text: Lutz Reinhardt
Mel.: Arik Brauer

Songgruppe Adelante

Die Gruppe besteht seit dem Herbst 1971. Berufe der 6 männlichen und 2 weiblichen Mitglieder (Alter: 15—22 Jahre) sind: Schriftsetzerlehrling, Hausfrau, KFZ-Mechaniker, Maschinenschlosser, Hilfsreparateur, Schüler (drei). Die Gruppe benutzt teilweise traditionelle Texte, jedenfalls hat sie „. . . in erster Linie . . . Texte übernommen und die Melodien dazu gemacht . . .“. „Mit dem Medium Musik . . .“ will die Gruppe „. . . auf Probleme in unserer Gesellschaft aufmerksam machen und Möglichkeiten aufzeigen zur Beseitigung bestehender Mißstände.“
Instrumente: Akustische Gitarren, Elektrobaß, Banjo, Mandoline, Blockflöten, Bongos, Mundharmonika, Schellenkranz.

Die Erben des Manifestes

Arbeiterjugend her zu uns,
her zu unsren roten Fahnen!
Für den Fortschritt wollen wir
überall die Wege bahnen!
Ist uns doch kein Weg zu weit
und keine Müh' zuviel;
mit Elan und Strategie
streben wir zum Ziel!
Wir sind des Manifestes Erben
in der großen schaffenden Armee.
Wir rufen die Jugend und werben
für die sozialistische Idee!
Bei der Arbeit und beim Sport
in den Dörfern und den Städten.
In jedwedem Lehrbetrieb
und den Universitäten,
woll'n wir stets die besten sein!
Denn Wissen ist doch Macht!?
Und mit ihr erreichen wir,
was Karl Marx erdacht!
Wir sind des Manifestes Erben
in der großen schaffenden Armee.
Wir rufen die Jugend und werben
für die sozialistische Idee!
Treffen wir auf Widerstand —
forschen wir erst nach den Gründen.
Haben wir sie festgestellt,
läßt sich auch die Taktik finden.
Mit Geduld und Zähigkeit
und der Wissenschaft,
schlagen wir die Reaktion
mit vereinter Kraft!
Wir sind des Manifestes Erben
in der großen schaffenden Armee.
Wir rufen die Jugend und werben
für die sozialistische Idee!

Text: W. Heina
Musik: Jürgen Lohe

Bonner Singegruppe „Solidarität"

gegründet 1970, 6 bis 13 Mitglieder, größtenteils Studenten, nichtkommerzielle Auftritte, z. B. vor Laufkundschaft in Einkaufszentren, vor Werkstoren, vor Jugendlichen in Diskotheken und Jugendhäusern, bei Veranstaltungen sozialistischer Organisationen und des DGB. „Die Gruppe fühlt sich in ihrem musikalischen Selbstverständnis dem traditionellen Arbeiterlied, den Agitprop-Truppen der Weimarer Republik, dem fortschrittlichen Zweig der internationalen Folklore, der Singbewegung in der DDR und den progressiven Liedermachern in der Bundesrepublik verbunden, ohne daraus zwingende musikalische Formen herzuleiten."
Instrumente: 6 + 12 saitige Schlaggitarren, Konzertgitarren, Elektrogitarren. Außerdem: Mandoline, Violine, Querflöte, Autoharp und Elektro-Baß.

Lied von der gemeinsamen Aktion der Kinder um einen Spielplatz zu bekommen

He Leute, he Leute, kommt alle mal her
Der Fritze, der ruft und sie kommen
Die Kinder sie kommen von überall her
Vom Wäscheplatz, von den Mülltonnen

Mal still jetzt, mal still jetzt, jetzt findet was statt
Der Fritze, der sagt's, alle nicken
Wir alle, wir haben den Hinterhof satt
Wir woll'n nicht nur Blechdosen kicken

Ein Spielplatz, ein Spielplatz, ein Spielplatz muß her
Die Christa, die fragt: Aber wie denn?
Meine Mutti, die meint, es sei viel zu schwer
Von irgendwem etwas zu kriegen

Wir alle, wir alle, wir gehen jetzt los
Sagt Fritze, zum Rathaus, zum Rathaus
Da fragen wir gleich nach dem Rathaus-Boß
Und hol'n ihn aus seinem Kabuff raus

Mit Fritze als Spitze, so ziehen sie ab
Der Paul und die Christa gehn auch mit
Der Max bringt noch schnell seine Schwester auf Trab
Selbst Ingo, der Dicke, der hält Schritt

Kommt mit uns, kommt mit uns, so rufen sie laut
Warum denn?, fragen die andern
Habt ihr einen Spielplatz? Na bitte, da schaut!
Schon sind es dreihundert, die wandern

Von überall, überall komm'n sie gerannt
Die Straßen sind voll von den Massen
Die Bahnhofsbande, die sonst keinem traut
Marschiert mit im Strom aus den Gassen

Wir kommen! Wir kommen! Da sind sie schon dort
Im Rathaus sind Kinder, viel' Kinder
Auf allen Treppen, am stillen Ort
Und in den Amtsräumen nicht minder

Ein Spielplatz! Ein Spielplatz!, so klingt es im Ohr
Bald jedem Beamten im Hause
Nur einer kommt schnell noch den Kindern zuvor:
Der Herr Bürgermeister macht Pause

Ei warum, ei warum versteckt er sich denn?
Der hat wohl ein schlechtes Gewissen?
Vielleicht weiß er schon seit langem davon
Wo Kinder wie wir spielen müssen?

Na endlich, na endlich! Da haben wir ihn
Da wollen wir ihn gleich mal fragen:
Warum ist für uns ein Spielplatz nicht drin?
Er weiß, dazu gibt's nichts zu sagen

Wir Kinder, wir Kinder, denkt doch mal daran
Wir wollen doch spielen und leben
Drum könnt ihr von euerem Haushaltsplan
Doch auch mal uns Kindern was geben

Juchheißa, juchheißa! Jetzt geht es voran
Wir haben den Spielplatz bekommen
Wenn ihr einen braucht, dann denkt nur daran:
Seid einig! Dann habt ihr gewonnen

Text und Musik: Volker Rohde

Rheinlied

Refrain: Pfui Teufel, stinkt er der Rhein
Sechstausend Giftstoffe trägt er allein
Vom Bodensee kommt er, ins Meer fließt hinein
Der stinkende, giftige Rhein

Am Bodensee fängt die Verpestung schon an
Durch Stickstoff und Phosphor trägt ihn seine Bahn
Mit Cholera droht er den Menschen am Strand
Der stinkende giftige Rhein

Refrain: Pfui Teufel . . .

Silos und Müllkippen zieren den Lauf
Den letzten Forellen zerplatzt glatt der Bauch
In jeder Stadt nimmt er Abwässer auf
Der stinkende, giftige Rhein

Refrain: Pfui Teufel . . .

Zäh fließt bei Bingen der Brei durch das Loch
Ein Schädlingsgift gibt ihm den tödlichen Stoß
Die Hoechst-Clique lacht, es verdient jeder Boß
Am stinkenden, giftigen Rhein

Refrain: Pfui Teufel . . .

Millionen Fischleichen verseuchen die Luft
Dazu kommt der tanzende Reeder und Schuft
Er pumpt seinen Dreck in die schwimmende Gruft
Den stinkenden, giftigen Rhein

Refrain: Pfui Teufel . . .

Von Koblenz nach Köln schleppt er träge sich hin
Fäkaliengesättigt, kein Sauerstoff drin
Den Bonzen in Bonn wird vernebelt der Sinn
Vom stinkenden, giftigen Rhein

Refrain: Pfui Teufel . . .

Ob Industrielauge, ob Ammoniak
Ob Sickersaft, Quecksilber oder Phosphat
Das Klo der Konzernherr'n trägt's mit sich hinab
Der stinkende giftige Rhein

Refrain: Pfui Teufel . . .

Text: Volker Rohde
Musik: Woody Guthrie („Roll on Columbia“)

Lied von der Friedenspflicht

Kommt und singt ein schönes Lied vom Frieden
Singt ein Liedchen von der Friedenspflicht
Arbeiter bleib still
Wie dein Boss es will
Ihn bindet die Friedenspflicht ja nicht

Mittendrin im allerschönsten Frieden
Steigt ein jeder Preis gefährlich an
Arbeiter bleib still
Wie dein Boss es will
Weil er mit dir alles machen kann

Ist dir dieser Frieden nicht geheuer
Bleibt dem Boss die Schlichtungsrunde noch
Arbeiter bleib still
Wie dein Boss es will
Klafft auf deinem Konto auch ein Loch

Wird dir dieser Frieden gar zur Fessel
Und du sagst: Für den Lohn schaff' ich nicht
Arbeiter bleib still
Wie dein Boss es will
Der schleppt dich sonst auch noch vors Gericht

Was hilft euch ein solcher fauler Frieden?
Was nützt euch denn diese Friedenspflicht?
Arbeiter gib acht
Dein Boss hat die Macht
Und sein „Frieden" ist der deine nicht

Text: Volker Rohde Musik: Tim Hardin

Songgruppe Ulm

Die Gruppe besteht seit 1971 und hat zur Zeit 6 Mitglieder (techn. Zeichnerin, Elektriker, Buchdrucker, Metaller, Kaminfeger und Student). Drei Mitglieder singen, einer spielt Gitarre und Bongos, einer Trompete und Baß, einer Gitarre und Mundharmonika. Einzelne Texte wurden bisher im Agitprop-Textdienst veröffentlicht.

„Als erstes eigenes Lied entstand ‚Verjagt den Flick' als Übertragung des DDR-Liedes ‚Gehört dem Volk' auf die Verhältnisse in der BRD."

Verjagt den Flick

*) oder Finck

dem flick gehört das land dem abs die bank dem
thyssen die fabrik
was glaubt ihr wer bei uns im land die macht besitzt
und was dein vater arbeitet das bringt den typen viel profit

das ändert sich erst dann wenn es geändert wird
ihr fragt von wem seht euch mal um
ihr seid sehr stark und auch nicht dumm
millionen sind viel stärker doch
als millionäre und darum
verjagt den flick vom land nehmt euch die bank
und nehmt euch die fabrik
doch einzeln und mit bombenterror schafft ihrs nicht
drum solidarisiert euch kommt zu uns und arbeitet hier mit
ich glaube eine andre lösung gibt es nicht
doch was uns bleibt ist eine front
des volkes worin vereint
sind atheisten wie auch christen
sozialisten und kommunisten

text: reinhold berz
musik nach: . . . gehört dem volk

Gruppe „Agit-Rock" Gevelsberg

Die Gruppe entstand Anfang 1970. Heute hat sie 8 Mitglieder im Alter von 14 bis 36 Jahren. Berufe: Schlosser, Autoschlosser, kaufm. Angestellte, Schüler, Friseuse und Schriftsetzer. „Als Anfang dieses Jahres (1972) bekannt wurde, daß die Klöckner-Werke in Hagen-Haspe stillgelegt werden sollten und 3000 Arbeiter im Juni auf die Straße fliegen sollten, machten wir das Lied „Das Unternehmerrisiko"! Mit diesem Lied traten wir vor den Toren des Werkes auf. Wir stellten fest, daß es großen Anklang fand."
Die Gruppe spielt bei sozialistischen Organisationen und beim DGB. Sie spielt „in Sälen und auf der Straße, z. B. bei Informationsständen und Demonstrationen".
Instrumente: 2 Gitarren, Percussion, Schlagzeug.

Das Unternehmerrisiko

Geht der Kohlenbergbau pleite
fließt das Geld aus Bonn in Strömen
in die Taschen der Konzerne,
man hört sie befriedigt stöhnen.

Refrain: Ja, das Unternehmerrisiko
sucht man vergeblich immerzu.

Der Herr Krupp war nicht mehr flüssig
doch die Regierung war sich schlüssig
Subventionen müssen her,
Bundesbürgschaft nannte sies.

Refrain: Ja, das . . .

Die Stahlkonzerne ebenso
die tragen auch das Risiko
doch sie tragen es gelassen,
wenns sein muß, werden Arbeiter entlassen!

Refrain: Ja, das . . .

In den ersten Jahren nach dem Kriege
die Konzernherrn machten Flirge,
Proleten begannen mit der Produktion,
doch was ist heut der Lohn davon?
Getreu der Devise: Profit, marsch, marsch,
kriegen sie einen Tritt in den Arsch,
die Hasper Hütte will man schließen,
Profite solln in Bremen sprießen.

Refrain: Ja, das Unternehmerrisiko
tragen die Arbeiter immerzu.

Text und Musik: Herbert Wils

Fasia Jansen

geboren 1929 in Hamburg, singt seit ihrer Kindheit u. a. in Internierungslagern für Ausländer, wo sie im Dritten Reich seit ihrem 15. Lebensjahr inhaftiert war. Seit 1962 singt sie bei den Ostermärschen, auf Veranstaltungen gewerkschaftlicher und sozialistischer Organisationen. „Wenn ich ein Lied machen will, dann gehe ich zu den Leuten, beteilige mich an Flugblattaktionen, an Diskussionen und Versammlungen. Ich erfahre, was die Leute sagen. Da bekomme ich meine Argumente. Diese Argumente setze ich um in Melodien und Rhythmus. Man kann Losungen singen und viel lernen aus der alten Agitprop-Bewegung."
Das folgende Lied von den Septemberstreiks entstand nach den spontanen Arbeitsniederlegungen der Metallarbeiter im Herbst '69.

Lied von den Septemberstreiks

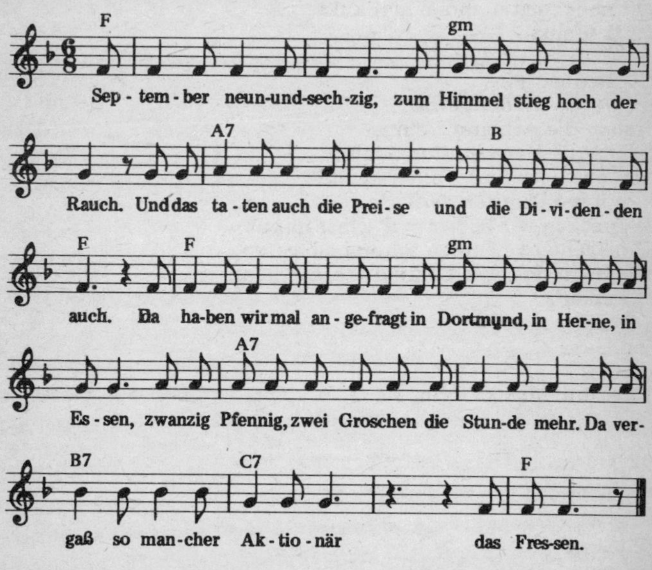

September '69
zum Himmel stank der Rauch,
das taten auch die Preise
und die Dividende auch.
Da haben wir mal angefragt
in Dortmund, in Herne, in Essen
„Wie wär's mit zwei Groschen die Stunde mehr? "
da vergaß so mancher Aktionär
— das Fressen.

September '69
schrieb einer sein erstes Gedicht:
„Zwanzig Pfennig mehr die Stunde,
oder wir arbeiten nicht".
Ein andrer macht' sich 'ne Puppe,
die sah aus wie Abs oder Flick
und er hängte dem Ding auf der Stange da
um den Hals, was bisher noch keiner sah
— einen Strick.

September '69
Verdammt, die Herrn war'n platt.
Und sie fragten sich, ob Lenin wohl
zum Streik gerufen hat.
Sie blähten ihre Mäuler auf
wie Sintflut kam es gebraust.
Sie ließen ganz schnell den Sozialpartnerfurz,
wir aber zeigten ihnen mal kurz
— die Faust.

September '69
da wurde wieder gewiß:
Haben die Arbeiter Lenin,
haben die Herrschaften Schiß.
Sie leben gut und wollen nichts
von ihren Profiten verlier'n.
Da packen wir besser mal selbst mit an.
Die Sache ist nämlich schon halb getan,
wenn wir das, was Lenin uns sagen kann,
— kapier'n.

Text und Musik: Fasia

Lokomotive Kreuzberg

„Lokomotive heißt: Dampf machen
Kreuzberg heißt: Arbeiterbezirk
Polit heißt: die Weichen sind links gestellt
Rock heißt: es geht los
Kabarett heißt: zu lachen gibts wenig
zusammengefaßt:
‚Lokomotive Kreuzberg Polit Rock Kabarett'"

„Ein antiautoritärer Musiker und ein antiautoritärer Texter trafen sich zufällig im Frühjahr 71 und beschlossen, ein antiautoritäres Stück zu schreiben. Wir suchten noch drei Musiker. Damit war die heutige Lokomotive gegründet. Aus dem antiautoritären Stück ist nichts geworden.
Wir haben ein dreiviertel Jahr diskutiert, bis genügend wirklich politische Texte vorlagen, die wir dem Publikum vorstellen konnten."
Die Mitglieder sind zwischen 21 und 27 Jahren alt. Einer ist Kaufmann, einer Schüler, einer Radio/Fernsehtechniker, einer Hilfsarbeiter und einer Opernsänger. Sie spielen folgende Instrumente: Gitarre, Baß, E-piano, percussion, Geige, Mundharmonika, Flöte, drums.
Die Lokomotive geht selten auf „direkt tagespolitische Ereignisse" ein, sondern versucht vielmehr, eine „Darstellung ganzer Entwicklungen und Zusammenhänge . . ." zu geben. Vier der hier abgedruckten Songs entstammen dem zusammenhängenden Programm „Kollege Klatt". „Der junge Arbeiter Klatt erkennt seine Lage am Arbeitsplatz. Allein kann er seine berechtigten Forderungen nach mehr Lohn und besseren Arbeitsbedingungen nicht durchsetzen. Aktive Gewerkschaftsarbeit und solidarisches Verhalten zeigen sich als einzige Alternative."
Daß die Lokomotive „harten Rock" spielt, begründet sie so: „Uns scheint Rock als ursprünglich proletarische und überall unter Jugendlichen verbreitete Musik das beste Transportmittel für unsere Polittexte zu sein. Allerdings wollen wir unsere politische Funktion nicht getrennt sehen von den Bedürfnissen nach Unterhaltung, Kultur und Kunst." Um eine umfassendere Wirkung zu erreichen, hat die Lokomotive mit anderen Gruppen größere kooperative Veranstaltungen durchgeführt und dabei gute Erfahrungen gemacht. „Wir haben daraus gelernt, in Zukunft unsere Produktion mit denen anderer Gruppen und Einzelkünstler inhaltlich abzustimmen. Wir haben damit die Möglichkeit, verschiedene Medien in einen formalen Zusammenhang zu bringen, ohne dabei die Möglichkeit, allein aufzutreten, auszuschlagen."

Wenn ick nach de Arbeit

(Als zwölfaktiger Blues zu singen)

Wenn ick nach de Arbeit
in de kalte Küche sitze,
müde, zerkloppt und kalt,
wenn ick nach de Arbeit
in de kalte Küche sitze,
müde, zerkloppt und kalt,
denn sag ick mir:
Mensch Klatt, für siebenundzwanzig
fühlste dir schon janz schön alt!

Wenn ick nach de Arbeit
vor meen Tischchen sitze
und der Teetopp mir de Neese wärmt,
wenn ick nach de Arbeit
vor meen Tischchen sitze
und der janze Körper
von de warme Neese wärmt,
denn sag ick mir:
Mensch Klatt, für siebenundzwanzig
fühlste dir schon janz schön abjehärmt!

Wenn ick nach de Arbeit
meene Zukunft frage,
die blaujefrorn in de Ecke steht,
wenn ick nach de Arbeit/
meene Zukunft frage,
wies denn nu weiterjeht,
da sagt se mir:
Mensch Klatt, nimm dir doch ne rote Fahn'
sollst mal sehn, wird uns ooch wieder warm!

3 TAGE im QUARTIER Latin

NONSTOP PROGRAMM VON 20.00 bis 24.00

LOKOMOTIVE KREUZBERG

bringt POLIT-ROCK: die Geschichte vom KOLLEGEN KLATT z.B.

oder die Lieder über das Deutsch-Amerikanische Volksfest ein POLIT-ROCK KABARETT

HOFFMANNS COMIC TEATER

zeigt "BLINDER ALARM" ein VOLKSSTÜCK aus dem Märkischen Viertel

Die Familie STULLE aus dem M.V. wieder in voller Aktion.

PETER KEILER

singt POLIT-und AGITATIONSSONGS und Lieder aus der Kohlenkiste

8. DEZ. FREITAG **9. DEZ.** SAMSTAG **10. DEZ** SONNTAG

QUARTIER LATIN POTSDAMMERSTR.

EINTRITT: 3.50 DM

Ich könnt ein Kommunist wohl sein

morgens
ich zwänge mich in den tag und aus dem bett
wie in ein korsett
rauche eine zigarett
trinke kaffe aus der thermosflasche
nehme meine aktentasche
pack die alten stullen aus
und die neuen ein
öffne die wohnungstür
und raus
und setz ein lächeln auf
nur so zum schein
wegen der kollegen
die könnten mein gesicht verkehrt auslegen:
ich könnt ein kommunist wohl sein

mittags
zehn minuten vor der pause
esse kuchen
trinke brause
der chef kommt ins büro
und will gucken
ob sich auch alle recht schön ducken
und ich lasse meine finger zittern
nur so zum schein
wegen der kollegen
die könnten meine ruhige hand verkehrt auslegen:
ich könnt ein kommunist wohl sein

nachts dann
in den buntkarierten
nicht daß sie denken,
daß wir uns genierten,
so ist das nicht bei uns zuhaus
meine frau zieht sich auch nackend aus
nur lieg ich oben
so zum schein
wegen der kollegen
die könnten meine stellung verkehrt auslegen:
ich könnt ein kommunist wohl sein

Lohnpredigt

Der Herr in seiner Güte
hatte seinen Prokuristen losgeschickt,
den Arbeitsleuten
die Zeichen der Zeit zu deuten.

Denn Wut war eingekehrt
in Arbeitnehmerherzen,
DER HERR VERDIENTE DICK UND DÄMLICH
UND GAB SICH BEI DEN LÖHNEN GRÄMLICH

Und SEINES HERREN Diener hub an zu prophezein:
„Mehr Geld an Monatsenden in Arbeitnehmerhänden
SCHADET UNSRER WIRTSCHAFT!"

„Der HERR sieht nicht Profite, der HERR sieht Euer Wohl.
Verzicht muß ER verlangen, wenns aufwärts gehen soll.
WIR SIND DOCH ALLE PARTNER!"

„Wer höhre Löhne fordert bei dieser Konjunktur
will nicht den freien Markt, will Staats- und Zwangswirtschaft.
DIE FÜHRT ZUM KOMMUNISMUS!"

Der Prokurist strich Haar,
ließ Brille blitzen
(sein Schlips hatte sich verschoben)
„Aller Segen kommt vom HERRN!
Aller Segen kommt von OBEN!"

Doch Einer sprang da auf:
Herr Prokurist
Eurem Herren sehr verbunden
Alle Werte schaffen wir
Aller Segen kommt von UNTEN!

Solidaritätslied

Wie geht das aus,
wenn die Bosse unsre Taschen leeren
und sich gegen Mitbestimmung
in Betrieben wehren

Wir halten zusammen . . .

Wie geht das aus,
wenn wir den Frieden wollen
während unsre Steuergelder
in die Rüstung rollen

Wir halten zusammen . . .

Wie geht das aus,
wenn wir uns zerstreiten
und damit der Bourgeoisie
ein Freudenfest bereiten

Wir halten zusammen . . .

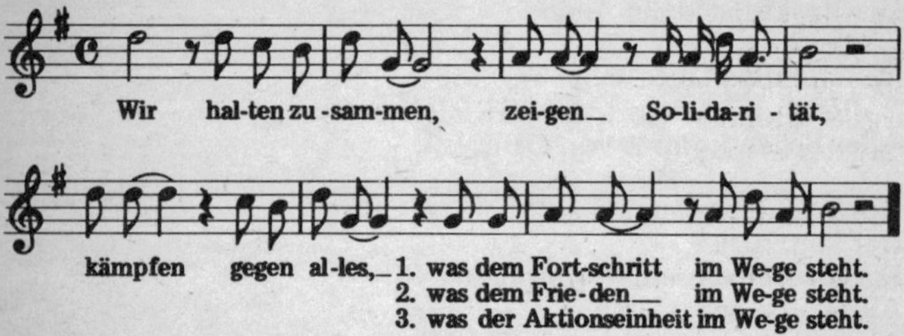

Kalle Kottbus

(Lied für Kinder)

Ick bin Kalle
vom Kottbusser Tor,
so stell ick mir
immer vor
abjekürzt und voll Jenuss
nennen mir meine Freunde:
Kalle Kottbus

Nu hab ick mir verliebt
in Sieglinde, die blasse
aus der Sanderstraße

Se hat zu mir jesagt,
also, Kalle Kottbus,
eh ick mit dir jehe
mach ick lieber
mit dem Leben Schluß!

Dabei kann ick ihr
doch einiges bieten,
Sonntags Kino
und noch mehr,
aber jeldliche Angebote,
sagt Sieglinde,
find se reaktionär.

„Reaktionär" hat se gesagt,
und mein Verdacht is,
daß ihr Vater inne Partei,
ick meene,
daß er Kommunist is . . .

Doch nun lieb ick ihr doch so,
meine Sieglinde,
den roten Vater würd ick schlucken,
wenn se mit mir fürn Viertelstündchen
in dunkeln Hausflur wollte gucken.

Aber so is det
an Kottbusser Tor,
Sieglinde will beileibe nicht,
se wirft mir einfach „Reaktionär" vor
und zieht durch unsre Liebe
nen dicken Strich.

Jahre und Flaschen

Jahre und Flaschen
sind von Rückgabe ausgeschlossen
auf Jahre und Flaschen
gibts keinen Pfand,
ob nun ausgesoffen
oder auch verflossen
die Jahre
sind auf und davongerannt.

Das Leben geht non stop
ex und hopp
Sargdeckel zu
himmlische Ruh

Jahre und Flaschen
werden nicht mehr aufgefüllt
und auch nicht mehr verschlossen
wie sehr auch einer
nach dem Inhalt schielt
das Ende ist beschlossen

Das Leben geht non stop
ex und hopp
Sargdeckel zu
himmlische Ruh

Jahre und Flaschen
sind zum Verbrauch bestimmt
nicht um damit Geschäfte zu machen,
wenn man das wörtlich nimmt,
vergeht einem das Lachen.
Denn bei uns zählen nur die Profitprozente
Millionen hoffen schon mit zwanzig
auf die Rente

und das Leben geht non stop
ex und hopp
Sargdeckel zu
himmlische Ruh

Floh de Cologne

Ende 1965 bildete sich aus einer am Kabarett interessierten Gruppe von Theaterwissenschafts-Studenten der Kölner „Floh de Cologne". Ihr erstes Programm hatte am 20. 1. 1966 Premiere. „Über unser erstes Programm „Vor Gebrauch Kopf schütteln" können wir heute nur noch den Kopf schütteln. Das ist aber nicht so tragisch: das Programm hat sowieso keiner gesehen. Das zweite Programm „Trari, trara, die Pest ist da" zeigt deutlich unser emotionales Engagement, mehr aber noch nicht. In dem Jahr bekämpften wir die Notstandsgesetze, die formierte Gesellschaft, die NPD, den Krieg der Amis in Vietnam und die immer deutlicher werdende Reaktion in Berlin. Durch die anhaltende Linkshetze in der Einheitspresse war der vergleichsweise harmlose Sport entstanden, bei Linken die Tür anzuzünden."
Nach ersten Ansätzen von Agitation („SimSAladimbamba-SaladUSAladim" 1967), einer Vietnam-Schock-Revue („war schon ein Hammer, nur fehlte die Sichel") in ihrem letzten Versuch mit dem liberal-konservativen Kabarettpublikum („Zwingt Mensch raus" 1968) formulierten die Flöhe folgende Erkenntnis:
„Zwangsläufig mußten wir die Erfahrung machen: Mit dem bürgerlichen Kabarett kann man bei bürgerlichem Publikum als Sozialist nichts erreichen. Man kann die Kassen füllen, man kann den Schreiberlingen der Feuilletonspalten zu erhöhtem Zeilenhonorar verhelfen, man kann sich auf den Kopf stellen und „Sozialismus" brüllen, das Publikum wird klatschen, weil es in dieser Art noch keiner gesagt hat. Man will eine scharfe Kritik genießen, sich anbrüllen lassen und das Ganze eine Spur zu einseitig finden. Diese Leute lassen sich sogar anpissen, wenn es formal gut gelöst wird. Wir sannen auf Rache. Die Rache hieß: „Siebtes Programm" . . . Wir machten jetzt in pop. Eine selbstgebastelte Verstärkeranlage half uns das Publikum scharenweise aus dem Saal zu treiben. Wir hatten einen entscheidenden Schritt getan: Das Kabarett war tot. Es war ein Programm gegen die „Alten", antiautoritär vom Scheitel bis zum Pimmel."
Über die antiautoritäre „Fließbandbabys Beat-Show" und die Rock-Oper „Profitgeier", die von mehr als 300 000 Jugendlichen gesehen wurde, konkretisierte sich die politische Themenstellung: „Durch laufenden Kontakt mit der Basis und durch Lektüre etc. bilden sich die Fragen heraus, die es zu beantworten gilt. Momentane, spontane Reaktionen auf Ereignisse sind wegen der geschlossenen Form unserer show schwer einzubauen. (In der Regel beschränken wir uns darauf, vor oder nach der Vorstellung zu aktuellen Anlässen Stellung zu beziehen.) In der Regel ist das, was wir betreiben, Kapitalismuskritik und Aufforderung zum Organisieren."

Ihr zehntes Programm „Lucky Streik", Herbst 1972 in Essen uraufgeführt, deutet eine weitere Entwicklung an: „Wir haben jetzt einen bestimmten Menschen, der jetzt vorm Werkstor steht, einen Streikposten, und da ist jetzt schon eine story drin. Die Texte sind etwas geschlossener. Der Faden, der durchzieht, ist ebenfalls klarer, die Thematik, die wir uns gestellt haben, ist eindeutig. Wir weichen da nicht allzuviel ab, während bei vorherigen Programmen viele Themen angesprochen wurden, haben wir das diesmal ganz speziell beschränkt. Wahrscheinlich werden wir das noch weiter fortführen. Das also daraus eine wirklich völlig neue Form entsteht, die zwar einerseits Rockmusik und Jazz und ähnliche Elemente hat, die aber auch andererseits eine völlig neue Kunstform werden wird. Das ist also kein Kabarett mehr, das ist eine reine beat-show — da wird sich etwas Neues entwickeln, wir werden sehen."
Die Besetzung des letzten Programms: Hansi Frank, Schlagzeuger und Sprecher, Dieter Klemm, Sprecher und Rhythmusinstrumente (kümmert sich ums Geschäftliche); Markus Schmidt, Komponist und Sänger, Sprecher und Instrumentalist (mehrere); Dick Städtler, Komponist und Sänger, Sprecher und Instrumentalist; Theo König, Sänger, Sprecher und Instrumentalist (Blasinstrumente); Gerd Wollschon, Initiator der Gruppe, Texter.

Fließbandbaby, manchmal träum ich
von der Fabrik, in der du arbeiten mußt
dann seh ich dich zwischen tausend andern
Fließbandbabys stehn
Um euch spinnt sich ein Fließbandstraßennetz
das fließt um fünf direkt zum Supermarkt
ein Superfließband schüttet Wunscherfüllung
in Dosen, Tuben in den Einkaufskorb
Ein Kassenfließband frißt den Tageslohn
und klebt dir Rabatt in Marken vor den Kopf
Fließbandbaby, manchmal träum ich
von der Welt, in der du leben mußt.

Komm mit mir ins Wegschmeißwunderland
Nimm dir einen Wegschmeißteller in die Hand
Und einen Einwegdosenöffner auch
Dann gehn wir zu der Wegwerfkühlbox hin
Und nehmen eine Dose Eintagsschönheit raus.

Komm mit mir ins Wegschmeißwunderland
Wir schmieren Charme in dein Gesicht
Dein Haar wird zur Frisur gesprayt
Aus deinem Busen wird ein Einweg-Hollywood-Format
und deine Beine stretchen sich zum Männerfang

Komm mit mir ins Wegschmeißwunderland
Die Leute dort sind so herrlich unkompliziert
Das viele Wegschmeißen steckt dich auch an
Bald bist du eine Einwegflasche
Und verstehst dich blendend mit den Leuten

Komm mit mir ins Wegschmeißwunderland
Die Leute dort sind alle so wahnsinnig einig
Sagt der eine Ex, sagt der andere Hopp
Und sie tanzen alle den Ex und Hopp
Und singen komm ex, mach mit mir hopp

Komm mit mir ins Wegschmeißwunderland
Ex- und Hopp-Philosophen gibt es da
und Ex- und Hopp-Parteien und einen Einweg-Gott
Und man kann dort sogar „nein" sagen
Denn einen Finger hat man immer zur Hand

Komm mit mir ins Wegschmeißwunderland
Am Eingang sagst du einmal „nein"
Dann hast du's hinter dir
Am Eingang sagst du einmal „nein"
Dann hast du dich hinter dir.

Ich will aber nicht immer nur gehorchen
Sei ruhig, Fließbandbaby, heiraten
Ich will aber nicht immer das Gleiche tun
Sei ruhig, Fließbandbaby, Familie gründen
Ich will aber nicht immer arbeiten gehen und Haushalt machen
Sei ruhig, Fließbandbaby, Auto kaufen
Ich will aber nicht immer Kinder kriegen, arbeiten und Haushalt machen

Sei ruhig, Fließbandbaby, Haus bauen
Ich will aber nicht total verblöden
Sei ruhig, Fließbandbaby, Fernsehen
Ich will aber meine Gesundheit nicht ruinieren
Sei ruhig, Fließbandbaby, für's Alter vorsorgen
Ich will aber nicht immer nur
Sei ruhig, Fließbandbaby, arbeiten
Arbeit macht Spaß
Überstunden machen doppelt Spaß
Feierabend macht dreifach Spaß
Wochenend hat Schwanz im Mund

aus: „Fließbandbabys Beat-Show"

Auf dem Markt
auf dem Markt
auf dem Arbeitsmarkt
trägt der Arbeiter
seine Arbeitskraft
zu Markte

Auf dem Arbeitsmarktplatz sehen wir den Unternehmer, wie er von einem Arbeitsmarktstand zum anderen geht und Arbeitskraft einkauft.

Da sehen wir den Unternehmer
wie er die Ware prüft:
ob sie auch kräftig ist
ob sie auch kein Großmaul ist
ob sie auch nicht verbraucht ist
ob sie auch nicht über fünfzig ist
ob sie auch schön frisch ist

Auf dem Markt
auf dem Markt
auf dem Arbeitsmarkt
trägt der Arbeiter
seine Arbeitskraft
zu Markte

Man spricht von Arbeitsmarkt — auf dem Markt, und von Marktlücken — auf dem Markt. Gemeint sind immer Menschen. Man spricht von „Normalisierung und Entspannung" auf dem Arbeitsmarkt. Gemeint ist dann, daß es wieder mehr Arbeitslose gibt, daß das Angebot steigt und die Ware billiger wird.

Gemeint ist die Ware Mensch
die Ware Arbeitskraft
die der Unternehmer kauft
oder die er wegschmeißt
an der er verdient
oder die er abstößt
die er braucht
oder nicht mehr braucht
die er verbraucht
und entläßt

Auf dem Markt
auf dem Markt
auf dem Arbeitsmarkt
trägt der Arbeiter
seine Arbeitskraft
zu Markte

Weil er nichts anderes verkaufen kann
weil er nichts anderes hat
wofür er Geld kriegt
damit er davon leben kann

Also verkaufst du deine Arbeitskraft stundenweise und kriegst Stundenlohn, aber nur soviel, wie du zur Erhaltung deiner Arbeitskraft brauchst, und nicht mehr.
Eine Maschine muß man ölen, einem Arbeiter gibt man Lohn, damit er sich selbst ölt.
Und der Unternehmer sagt: wenn der Arbeiter mehr Geld kriegt, kommt er nur auf dumme Gedanken — und will mehr Geld.
Und der Unternehmer sagt: wenn der Arbeiter mehr Freizeit hat, kommt er nur auf dumme Gedanken — und will mehr Freizeit.
Und der Unternehmer stellt mit Genugtuung fest, daß die Arbeitszeit in den letzten fünfzig Jahren nur um ein paar Stunden gesunken ist, während die Profite der Unternehmer in der gleichen Zeit um einige tausend Prozent gestiegen sind.

aus: „Profitgeier"

Wir stehen immer am Rande und gucken zu
wenn einer zur Sau gemacht wird
wenn einem Unrecht geschieht
Wir stehen immer am Rande und gucken zu
wir tun nichts und gucken zu
Wir stehen immer am Rande in der Menge und gucken zu
alle zusammen, gemeinsam und gucken zu
Wir stehen immer am Rande in der Menge gemeinsam
und gucken zu
wie einer angebrüllt wird
wie einer geprügelt wird
wie einem Unrecht geschieht
wie einer unterdrückt wird
wie einer gefeuert wird
Wir stehen am Rande allein in der Menge mit allen zusammen
und gucken zu
und reden danach mit den andern
und sagen: „Scheiße, sowas"
und sagen: „Das dürfen die doch gar nicht
da müßte einer mal was tun"

Und fragen, und fragen
und fragen, und fragen
„Was tun? Was tun? "
Wir stehen am Rande alle zusammen in der Menge
und fragen: „Was tun? " — gucken zu
wie der, der gesagt hat: „Wir müssen alle zusammen
was tun"
wie der alleingelassen wird
wie diesem Unrecht geschieht
wie er fertiggemacht wird
wie er gefeuert wird
Aber wir stehn doch nicht am Rande
Wir stehn doch mittendrin
wir stehen doch nicht allein und verlassen
wir stehen doch in der Menge zusammen
alle zusammen sind wir doch stark
und trotzdem gucken wir zu wie ein einzelner
schwach ist
Wir müssen uns wieder zusammentun
und zusammen was tun
und was tun!

aus: „Profitgeier"

Das was man bei uns hier Freiheit nennt
das hat man nur nach Feierabend
das hat man in der Nacht dann wenn man pennt
das hat man in der Kneipe Freitagabend

Das was man bei uns hier Freiheit nennt
das hast du nur nach Feierabend
das hast du wenn du deine Frau mal anbrüllst
das hast du wenn du deine Kinder mal schlägst
das hast du wenn du deinen Kummer ersäufst
und dann auf allen Vieren nach Hause läufst

Das was man bei uns hier Freiheit nennt
das kannst du in der Zeitung lesen
wenn da ein Rentner nicht mehr weiter wußte
weil er zum Ersten aus der Wohnung mußte
wenn ein Familienvater Amok rennt
weil er das Ende seiner Schulden nicht kennt

Das was man bei uns hier Freiheit nennt
das sieht doch manchmal recht verzweifelt aus
wenn da ein Zögling aus dem Heim ausbricht
und seine Eltern öffnen ihm nicht
wenn eine Mutter ihren Säugling erdrosselt
weil sie das Schreien nicht ertragen kann
wenn da ein Lehrling vom Chef das Auto knackt
wenn da ein Vater im Suff die Möbel zerhackt

Das was man bei uns hier Freiheit nennt
das ist doch ziemlich schizophren
diese Freiheit die macht dich verrückt
die gibt's in Scheiben aber niemals am Stück
das halbe Leben machst du Lohnarbeit
die andre Hälfte bist du Mensch auf Zeit
die eine Hälfte wirst du als Abtreter benützt
die andre Hälfte ist deine Würde geschützt
die eine Hälfte sollst du die Knochen hinhalten
die andre Hälfte deine Persönlichkeit entfalten
die eine Hälfte bist du Untertan
und in der Freizeit darfst du König spielen

Das was laut Verfassung Freiheit ist
gehört bei uns den Herren gewöhnlich
denn die kennen die Gesetzgebung persönlich
die sind die Freien der freien Marktwirtschaft
wir sind ihr Stimmvieh und ihre Schaffenskraft.

aus: „Lucky Streik“

Der Imker stellt den Bienen einen Bienenstock zur Verfügung
Der Kapitalist stellt den Arbeitern eine Fabrik zur Verfügung

Die Bienen sammeln den ganzen Tag Honig
die Arbeiter stellen den ganzen Tag Produkte her

Der Imker nimmt den Bienen den Honig weg
der Kapitalist nimmt den Arbeitern die Produkte weg

Der Imker gibt den Bienen Zucker dafür
der Kapitalist gibt den Arbeitern Lohn dafür

Der Honig ist mehr Wert als der Zucker
die Produkte sind mehr wert als der Lohn

Der Imker steckt den Mehrwert in seine Tasche
der Kapitalist steckt den Mehrwert in seine Tasche

Der Imker beutet die Bienen aus.

aus: „Lucky Streik“

Es fällt schwer
im Sozialismus die Hoffnung zu sehen
wenn man sich daran gewöhnt hat
im Kapitalismus die Hoffnung aufzugeben.

Es fällt schwer
im Sozialismus das Menschliche zu sehen
wenn man sich daran gewöhnt hat
im Kapitalismus das Unmenschliche zu dulden.

Es fällt schwer
im Sozialismus die Lösung zu sehen
wenn man sich daran gewöhnt hat
im Kapitalismus keine Lösung zu erwarten.

Es fällt schwer
im Sozialismus die Antwort zu sehen
wenn man sich daran gewöhnt hat
im Kapitalismus keine Fragen zu stellen.

Es fällt schwer
im Sozialismus die Zukunft zu sehen
wenn man sich daran gewöhnt hat
im Kapitalismus in der Vergangenheit zu leben.

Die Herren der Wirtschaft sind sehr stark
Doch nicht so stark wie wir
Wir sind millionenmal so stark
Millionenmal so stark wie sie
Wenn wir zusammenstehn.

aus: „Lucky Streik“

Schließt Euch zusammen

Baut Aktionsgruppen auf oder geht in schon arbeitende sozialistische Lehrlingsgruppen.

Stellt Forderungen auf, z. B.:
2. und 3. Berufsschultag; qualifizierte Lehrkräfte; Berufsschulferien gleich Betriebsferien; 6-Stunden-Tag wie Schüler; Lehrwerkstätten frei von privatwirtschaftlichen Interessen; Kündigungsschutz für Betriebsjugendvertreter; Streikrecht für Lehrlinge.

Macht euren Kollegen klar, daß diese Forderungen berechtigt sind und daß es im Interesse aller Lohnabhängigen ist, dafür zu kämpfen.

Ihr könnt z. B. eine Lehrlingszeitung herausgeben oder Flugblätter verteilen. Die könnt ihr ganz billig drucken im RC, bei der DKP, bei der SDAJ, bei progressiven Pfarrern, oft auch bei den Jusos. Wichtig: Damit ihr euch keine unnötigen Schwierigkeiten macht, verteilt die Flugblätter nicht selbst vor euren Betrieben, sondern laßt sie von Lehrlingsgruppen aus anderen Betrieben oder mit euch solidarischen Schülern und Studenten verteilen.

Unterstützt eure älteren Kollegen im Kampf gegen das reaktionäre Betriebsverfassungsgesetz.

Tretet in die Gewerkschaft ein. Macht sie wieder zu einem Instrument der Arbeiterbewegung.

Es gibt auch Jugendzeitschriften, die sich mit euren Problemen befassen: „elan“ und „ran“.

Wenn ihr einen spannenden Roman lesen wollt:
„Barrikaden am Wedding“ von Klaus Neukrantz, Oberbaumverlag, 6 DM.

Wenn ihr euch über die Lehrlingsbewegung in der BRD informieren wollt:

„Was wollen die Lehrlinge“ von Haug/Maessen, Fischer Tb. 1186, 4.80 DM.

Diese Bücher kann man in jedem linken Buchladen kriegen oder bestellen. Dort gibt es auch andere linke Literatur, die euch eure Eltern oder Lehrer vielleicht nicht empfehlen (z. B. Berni Kelb „Betriebsfibel“, Wagenbach, 3.50 DM).

Wenn ihr rot werden wollt:

„Das Kommunistische Manifest“, Dietz-Verlag, 80 Pf.
„Das politische Grundwissen des jungen Kommunisten“, März-Verlag, 10 DM.

FLOH DE COLOGNE

Die Conrads

(= Brüder Heinz, Hermann und Reinhold Conrad, dazu Jürgen Kuhfuß, Jupp Schmitz, Wilfried Maringer und Wolfgang Meyberg; Alter: Von 24 bis 38; zwei von ihnen Schlosser, einer Postbeamter, einer Fensterputzer, einer Student, einer Musiklehrer, einer Schriftsetzer)
Sie fingen Ende der 50er Jahre als Songgruppe an und wurden als „Skiffle Plackers" und Begleiter Fasias vor allem bei den Ruhrgebiets-Ostermärschen bekannt.
Auch die Conrads machen inzwischen zusammenhängende Programme aus Songs, Sprechtexten und Spielszenen (z. B. drei „Weihnachtsprogramme", die sie in den Straßen der Düsseldorfer Innenstadt aufführten). Eingeladen werden sie von gewerkschaftlichen und sozialistischen Organisationen.
Die Arbeiterlieder der Conrads entstanden zum Teil aus aktuellen Konfliktsituationen wie dem Fliesenlegerstreik 1967 (die Fliesenleger holten die Gruppe ins Streikbüro und baten um ein Streiklied) oder der spontanen Arbeitsniederlegung 1970 bei Felten und Guilleaume in Köln (die Belegschaft hatte in Erfahrung gebracht, daß der Werkschutzbeauftragte Boljahn, früher NS-Oberer, die politische Tätigkeit seiner Firmenkollegen überwacht).
Musikalisch verwenden die Conrads sowohl Elemente des Beat, wie der (z. B. irischen) Folklore, des deutschen Volks- und traditionellen Arbeiterliedes und der Schlagermusik.
Vom Hörfunk und Fernsehen wurden sie bisher — weitgehend — geschnitten.

Ein Schwein bleibt ein Schwein

Köln im Februar 1970.
Fünfhundert Arbeiter streiken. Warum?
Werkschutzchef Boljahn,
mit praktischen Erfahrungen
aus der Nazi-Zeit reich versehen,
schnüffelt in den Privatangelegenheiten
der Betriebsangehörigen herum und arbeitet
mit dem Verfassungsschutz zusammen.
Die Geschichte kam heraus, die Arbeiter gingen
in den Warnstreik, Boljahn mußte gehn.
Die folgende Geschichte kann jedem passieren,
der arbeitet.

Wir woll'n euch mal 'ne Story erzählen,
die Story von Otto Blei,
Jahrgang 15, adrett und immer clever,
das war und ist er bis heut'.

Refrain:
Er ist'n Mann,
kam immer gut voran.

Früher, in seinen besten Jahren,
das war für ihn die Hitlerzeit,
da kam er voll auf seine Kosten,
ihn hat bis heut' noch nichts gereut.

Refrain

Forscht man dann in jenen Zeiten,
da war er dann in der SA,
tat so manchen Arbeitsmann verpfeifen,
den man seither nicht mehr sah.

Refrain

Er leitete im Werk den Selbstschutz,
und Blockwart war er obendrein,
wen er verdächtigte, war verloren,
er brauchte nicht pingelig sein.

Refrain

Und brauchte auch nicht mit zu kriegen,
weil er nämlich unabkömmlich war,
und so ging es weiter bis zum Ende,
ein Ende, das für ihn keins war.

Refrain

Dann kamen die schweren Jahre,
da machte er mal dies und mal das,
und tauchte unter so oft er nur konnte,
manche hatten gegen ihn etwas.

Refrain

Doch lange, das ist ja nicht ewig,
und bald war schon wieder Saison,
die Bosse, sie konnten ihn brauchen,
uns allen, uns allen zum Hohn.

Refrain

Sie setzten ihn an 'nen Schreibtisch,
dort sichtete er dann die Kartei'n,
Erfahrung geht nicht verloren,
und ein Schwein bleibt ein Schwein.

Refrain

Er machte es genau wie früher,
nur mußte er noch vorsichtig sein,
die Zeiten hatten sich geändert,
es ging nicht mehr so glatt, so rein.

Refrain

Die Kumpels kamen dahinter,
da gab es einen Riesenkrach,
die Arbeit lief nicht mehr weiter
und sie stiegen dem Boß auf's Dach.

Refrain

Die Kumpels, sie streikten zusammen,
zu Köllen war's am Rhein,
die Bosse mußten ihn gehen lassen,
und mit ihm noch so manches Schwein.

Refrain

Und die Moral von der Geschichte,
die leuchtet wohl jedem ein,
wenn die dicken Bosse nicht wären,
die Ottos, die wären allein.

Refrain

Drum Freunde, drum seid wachsam,
vor'm Boß und seinem Werkselbstschutz,
denn bei uns sind Typen wie Otto
nie lange arbeitslos.

Betriebsgeheimnis

Er wollte
Rundfunk-Fernsehtechniker lernen
steil führte ihn
sein Bildungsweg nach oben
auf abschüssigen Dächern war er
auf der Höhe seiner Zeit
wurde befördert
zum Handlanger
und wußte
nach zwölfmonatigem Studium
der Antennenmontage genau
daß alle Schrauben Rechtsgewinde haben
wie ein Fernsehgerät
repariert wird
ist vorläufig Betriebsgeheimnis.

Text: Liselotte Rauner

Streiklied der Fliesenleger

„Es gab eine gute alte Zeit“,
so werden Geschichtsschreiber lügen,
„da konnte, so wie der reiche Mann,
auch der Arbeiter gut verdienen.

Das waren die fünfziger, sechziger Jahre“,
so wird man den Kindern sagen,
„doch die Arbeiter wollten dann immer mehr;
da platzte den Reichen der Kragen.

Da streikten zum Beispiel im Jahre siebenundsechzig
die Fliesenleger seit Wochen.
Sie wollten mehr Lohn und hatten doch schon
viel zu viel am Reichtum gerochen.“

So werden die Schreiber vielleicht mal lügen,
so lügen viele schon heute.
Denn nicht mal um *mehr* Lohn geht's bei dem Streik
den *erkämpften* bedroht jetzt die Meute,

den bestehenden Lohn woll'n die Herren kürzen.
Sie wollen noch mehr verdienen.
Und klappt's bei den Fliesenlegern, dann
sind auch andre Tarife zu biegen.

Für uns Arbeiter geht es heute darum,
die Zukunft mitzubestimmen,
das nicht in zehn Jahren gefaselt wird,
die alte Zeit wiederzubringen.

Wir hoffen, daß es später mal heißt:
Die Fliesenleger gewannen.
Sie brachten mit ihrem berechtigten Streik
alle Arbeiter fester zusammen!

Text und Musik: Brüder Conrad

Dreher Franz

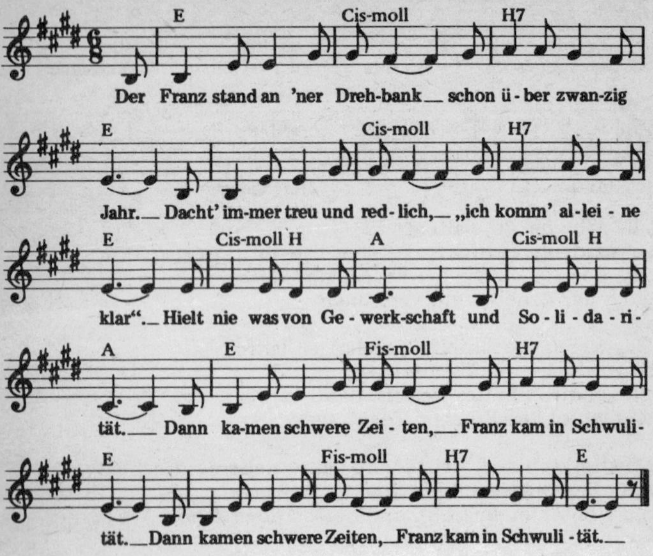

Der Franz stand an'ner Drehbank
schon über zwanzig Jahr.
Dacht' immer treu und redlich, „ich komm alleine klar".

Hielt nie was von Gewerkschaft und Solidarität.
Dann kamen schwere Zeiten, Franz kam in Schwulität.

Da kamen nette Herren von der Kalkulation,
die hatten weiße Kittel an, der Franz der wußte schon:
„Die Herren haben Uhren, die stoppen sehr genau,
jetzt muß ich erst mal pinkeln gehn
sonst arbeit' ich für lau."

Im Jahre einundsiebzig, da hat's der Franz kapiert.
Da flog er auf die Straße, denn er hat protestiert.
Und tausende Kollegen, die wurden ausgesperrt,
weil die Fabrikherrn sagten, daß Streik sich nicht gehört.

Der Franz ging zur Gewerkschaft
und sagte: „Nehmt mich auf,
die konnten mich bescheißen,
weil ich allein 'rumlauf.

Gemeinsam sind wir stärker, das hab ich jetzt kapiert.
Drum rein in die Gewerkschaft,
die uns den Lohnkampf führt."

In Württemberg und Baden
fragt Beitragszahler Franz:
„Wer ist denn die Gewerkschaft?"
Und zieht dann die Bilanz:
Nützt die Gewerkschaftsführung dem Arbeiter nicht sehr,
hilft die Kritik von unten.
Sie schafft Veränd'rung her.

Checkpoint Charlie

„Entstanden Ende 67. Ex-Schauspieler Uwe von Trotha suchte sich dörfliche Beatgruppe, um Beat- und Lyrikprogramme zu machen. Traf die ‚Misfits', die vorrangig die Stones nachspielten. Seit damals ist Harald Linder als Sänger dabei ... Spätestens seit Notstandskampagne radikale politische Ausrichtung, damals viel Happening. Texte z. T. von Borchert, Fried, Eich und viel von Tuli Kupferberg. Oft von antiautoritären SDS-ASten engagiert. Viele Veranstaltungen von Polizei abgebrochen. Nach vorübergehender Trennung 70 seit Anfang 71 wieder als ‚Checkpoint Charlie' unterwegs. In 71 über 30 Auftritte mit Rockoperette ‚Scheiße'. Mini-Auftritt in Reihe ‚sympathie for the devil'. In 72 Vorbereitung Antimilitarismus — Tournee mit Verband der Kriegsdienstverweigerer (VK). Durchführung jetzt allein. Seit Anfang Oktober über 30 Auftritte ...
... Schwierigkeiten öfter bei Rundfunk und Fernsehen, d. h. nachträgliche Interviewverschnitte und Zensur der Aufnahmen usw., das Übliche halt. Oft auch Beleidigungsklagen mit empfindlichen Geldstrafen (z. B. von Kunstzone München) ... Ablehnung bei Plattenfirmen (Intercord, CBS), weil zu politisch bzw. zu wenig verkäuflich, was eigentlich klar ist und man den Leuten kaum vorwerfen kann, realistisch gesehen."
Zur Zeit hat die Gruppe vier Mitglieder und einen Organisator: (22 bis 29 Jahre alt, ein ehem. Schauspieler und Gelegenheitsarbeiter, 1 Heizungstechniker, 1 Hilfsarbeiter, 1 Musikstudent, 1 Diplom-Volkswirt). Werner Heß (Schlagzeug), Joachim Krebssalat (Orgel und elektr. Klavier), Harald Linder (Gesang), Uwe von Trotha (Sprache), Siegfried Pabst (Organisation und Geldgeschichten).

Zielpublikum der Gruppe sind Lehrlinge und Schüler im Alter von 15—20 Jahren, „das normale Pop-Publikum also. Meistens kommen auch diese Leute. Für sie ist unser Programm gemacht. Wenn zuviele ‚Polit-Freaks' kommen, ist die Sache sinnlos, was sollen wir denen beibringen?"
Musikalische Traditionen und Vorbilder gibt es für die Gruppe allenfalls im Unterbewußtsein: „Die amerikanischen wie Fugs oder evtl. Zappa (? !) sind eben amerikanisch."

Hör mir zu, Bulle

Ich bin nackt
Ich habe keine Waffe
Hör mir zu, Bulle
Ich schlafe nackt
Damit du nicht sagen kannst
Daß ich eine Waffe
Unterm Pyjama habe

Hör mir zu, Bulle
Ich will nicht erschossen werden
Noch bin ich nackt
Noch habe ich keine Waffe

Ich denke an Benno Ohnesorg
Der durch Genickschuß starb
Ich denke an James McLeod
Der durch die Tür
Erschossen wurde
Ein hilfloser nackter Mann
Ich denke an Georg v. Rauch
Der unbewaffnet, mit erhobenen
Händen, erschossen wurde
Ich denke an mehr
Als hundert Menschen
Die in den letzten Jahren
Von Bullen erschossen wurden

Hör mir zu, Bulle
Ich will nicht erschossen werden
Noch bin ich nackt
Noch habe ich keine Waffe

Du nennst es Notwehr, Bulle
Wenn hilflose Menschen sterben
Ich nenne es Mord
Ich nenne es Notwehr, Bulle
Wenn ich mich nicht töten lasse

Hör mir zu, Bulle
Ich will nicht erschossen werden
Noch bin ich nackt
Noch habe ich keine Waffe
Noch kämpfe ich nackt.

Solidarisieren, nicht marschieren

Freunde, was sagt ihr dazu:
Vater befiehl, wir folgen;
Lehrer befiehl, wir folgen;
Lehrmeister befiehl, wir folgen;
Vorgesetzter befiehl, wir folgen;
Führer befiehl, wir folgen.
Wir sagen: Scheiße!
Darum:

Solidarisieren, nicht marschieren!

Wollt Ihr Euch weiter durch die Mangel drehen lassen?
Wollt Ihr Euch formen lassen wie ein Stück Scheiße?
Damit Ihr besser funktioniert,
damit die Rüstung funktioniert,
damit das Militär funktioniert?
In Vietnam,
in Nahost,
in Südamerika,
im eigenen Land?
Damit die Politik der Mächtigen funktioniert?
Bei uns und anderswo?
Wir sagen: Nein!
Darum:

Solidarisieren, nicht marschieren!

Ihr könnt Euch umdrehn,
Ihr könnt aus der Reihe treten.
Ihr könnt Euch neu entscheiden.
Ihr könnt aussteigen,
Ihr könnt Euch verweigern,
Ihr könnt Euch

solidarisieren, nicht marschieren!

Wir sind schon Hunderttausend,
wir werden bald Zweihunderttausend sein,
wir werden immer mehr.
Immer mehr, die für den Frieden
und gegen die Militarisierung der Gesellschaft sind.
Die den Kriegsdienst verweigern,
die die Ausbildung zum Mord verweigern,
die den Generälen und Politikern die Gefolgschaft verweigern,
die verweigern, Kanonenfutter zu sein,
während einige ihren Profit daraus schlagen.
Darum:

Solidarisieren, nicht marschieren!

Fragt den Lehrer, wenn er etwas verschweigt,
sagt dem Meister, wenn er etwas falsch macht,
widersprecht dem Vorgesetzten,
wenn er auf gute Argumente nicht hören will,
verweigert den Kriegsdienst, wenn man Euch zum Morden ausbilden will,
entscheidet selbst nach Eurem eigenen Gewissen!

Schließt Euch zusammen!

Zehntausend haben es schon getan
Gemeinsam werden wir es schaffen.
Organisiert Euch in den Verbänden der Kriegsdienstverweigerer!
Ihr werdet als Verweigerer anerkannt werden,
wenn Ihr den Mord vor Eurem Gewissen nicht verantworten könnt.

Dafür laßt uns kämpfen.

Darum:

Solidarisieren, nicht marschieren!

Franz K.

Zu Franz K. (gegründet Ende 1969 in Witten/Ruhr) gehören Mick Hannes (Gitarre), Peter Josefus (Bass, Gesang) und Stefan Josefus (Schlagzeug). Der zweite Titel einer LP, die unter dem Gesamttitel „Sensemann" erschien, wird im folgenden abgedruckt: „Das Goldene Reich". Der Text geht aus von einer Beschreibung der Lehrlingswelt, die Peter Josefus und Mick Hannes am eigenen Leibe erfahren haben. Er zeigt sodann eine Alternative, „ein Reich ohne Ausbeutung, eine Welt, in der zwar auch gearbeitet werden muß, in der es aber weder Herr noch Diener gibt." Schließlich befaßt er sich mit der Verwirklichung dieses Ziels: Ein „Goldenes Reich" ist nur möglich, „wenn wir jetzt zusammenstehen."
Die Musik von Franz K. — so meint die Gruppe selbst — hat einen „starken gesellschaftspolitischen Bezug. Denn: Rockmusik ist proletarische Musik . . . nicht nur ein Transportmittel für die Texte. Wir haben ihren Ursprung nicht vergessen. Rock bedeutet Vermittlung von Gesellschaftskritik."
Zunächst spielte Franz K. bei Pop-Festivals und in Diskotheken, dann aber zunehmend auf Einladung politischer Jugendorganisationen, Schülermitverwaltungen, Lehrlingskollektive u. dgl., — „auch wenn das zu einigen finanziellen Problemen führt." Auf keinen Fall will Franz K. „sich vermarkten lassen".
Seit kurzem ergänzt Franz K. ihr bisheriges Programm durch Folgen aus Rock und gesprochener Lyrik. Die Lyriktexte schreibt und spricht Arnold Leifert:
„Meine Gedichte sind im wesentlichen kurze, epigrammatische Gedichte, d. h. sie heben in ihrer vieles offen lassenden Form in besonderem Maße ab auf das assoziative Weiterdenken des Zuhörers. Dies wird einmal mehr deutlich bei den ‚Dokumentar-Gedichten': Ihre Intention, durch oftmals gänzliches Sich-Beschränken auf den reinen dokumentarischen Text und durch die damit erreichte möglichst weite Zurücknahme der Meinung des Autors, größte Authentizität zu erreichen, d. h. als Gedicht zu einer Aussage zu werden, zu der der Leser zwar noch Stellung nicht aber mehr sachlichen Widerspruch aufbringen kann, diese Intention der Gedichte fordert vom Zuhörer nicht nur ein genaues Hinsehen auf den Text, sondern vor allem auch ein intensives Hinhören auf seine eigenen Gedanken und Gefühle als Zuhörer oder Leser. Gerade dies aber, meine ich, wird ihm von der Musik bei ‚Rock und Lyrik' erleichtert. Die Musik, mit der die Gedichte hier aufs engste verschmolzen sind, hat ihre eigene emotionale Wertigkeit, sie versetzt den Hörer in eine ganz bestimmte Gefühlslage; diese ist sicherlich nicht leicht zu beschreiben bei der Musik von ‚Franz K.': eine Mischung von Härte und Aggressivität einerseits und sachlicher Nüchtern-

heit sowie des einfachen Hörens schöner Musikpassagen andererseits. In dieser emotionalen Lage — und das haben wir immer wieder beobachten können — werden die Gedichte besonders leicht, intensiv und eindringlich aufgenommen. Menschen, die niemals von sich aus ein Gedicht gelesen hatten, sprachen mich an und waren von den Gedichten in dieser Form beeindruckt. Diese Verbindung ist natürlich nur möglich, wenn Lyrik und Musik sich so weit ähnlich sind wie in unserem Fall: In beiden ist sicherlich die gleiche Form von engagierter Härte und damit verbundener Aggression zu spüren. Dennoch glaube ich mich gegen den Vorwurf emotionaler Manipulation wehren zu können: Denn der Charakter der sachlichen Information, den alle diese Gedichte haben, bewirkt wohl weniger Agitation als Reflexion.
Daß mir auf diese Weise ganz andere Zuhörerkreise zugänglich werden, als man das bei literarischen Lesungen gewohnt ist, ist klar."

Das goldene Reich

Ich hör die Freunde in den Straßen schreien
Ich hör sie fluchen über ihre Welt
Ich schrei mit euch, es ist zuviel
Dies miese Leben macht uns ganz kaputt

Ich erzähl euch über mein Leben
Ich erzähl euch über meine Furcht
Furcht aller Menschen, im Dreck zu leben
Doch Worte reichen allein nicht aus

So laßt uns das tun in dieser Lage
Was uns allein noch übrig bleibt
Laßt uns diese Welt zerstören
Weil sie uns fertigmachen will
Heißt: kämpfen, Brüder!

Mit diesem Ziele läßt sich nun leben
Mit diesem Ziele gibt es eine Chance
Es gibt ein Ende — durch uns selber
Doch Worte reichen allein nicht aus

So laßt uns zusammenstehen
Weil einer allein nichts schaffen kann
Heißt: kämpfen, Brüder!

Hör — du arbeitest — du schuftest
Kriechst zu Kreuze ihnen
Und kommst zu nichts
Ja ausgebeutet, ausgeplündert
Paßt du dich ihnen an
Ja, hoffnungslos in deiner Lehre
Vegetierst du dahin
Und kommst zu nichts
Die andern haben die Macht
Die Herren sind ihre Spießgesellen
Sie verdienen und du bist ein Nichts
Deine Lehre ist ein Dreck
Die Gesetze, die Industrie saugen dich aus
Und du nimmst es hin
Die Herren sind die Gesetze
Und die Gesetze schreiben es vor
Du bist mager, du hast Hunger
Das schreiben die Gesetze vor
Und die Gesetze sind die Herrn
Sie werden immer dicker
Sie werden immer reicher
Und du kommst zu nichts
Und das schreiben sie vor
Und das nimm nicht mehr hin
Und das nimm nicht mehr hin

Hör — es gibt eine Zeit ohne Dreck — hier bei uns
Das ist ein Reich in dieser Welt nur für uns
Du bist selber Meister — bestimmst deinen Lohn
Du hast freie Zeit, Erholung und
Du gehst spazieren — und lachst dabei

Du hast Ziele, Pläne
Denkst an gestern und hast keine Furcht
Du träumst und kannst lachen
Ja — die neue Welt ist voll davon
Ja — die neue Welt ist ein goldenes Reich
Aber jetzt — nichts davon — ein großer Mist
Hör — du arbeitest — schuftest
Kriechst in den Arsch ihnen
Und kommst zu nichts
Du besäufst dich — du machst Krach
Du und auch ich
Schreist und kannst nichts machen
Denn du bist allein
Das kann anders sein — wenn wir jetzt zusammenstehn
Und das nicht mehr auf uns nehmen
Ja — das hat ein End durch uns allein
Das goldene Reich kommt aus unsern Reihn

Das kann anders sein — stellt euch das mal vor
Denn du hast die Chance — nimm sie und sei froh
Alles das — wenn wir jetzt zusammenstehn

Hör — du arbeitest — du schuftest
Doch du bist dein eigner Herr
Und kommst zum Glück

Du hast freie Zeit und ein eignes Reich
Angst, Furcht, Sorg und Schmerz
Gibt es dann nicht mehr
Alles das — wenn wir jetzt zusammenstehn

Hör — du arbeitest, du schuftest
Doch du bist dein eigner Herr
Und kommst zum Glück

Ja — alles das — wenn wir jetzt zusammenstehn

Markt

15
türkische
Gastarbeiter

z. Zt.
als Bauhelfer
und Hilfsarbeiter
tätig

abzugeben

Interessenten
wenden sich
bitte an

Zitat aus:
Neue Ruhrzeitung, Essen
Text: Arnold Leifert

Vorsorge

in der Bundesrepublik
Deutschland

kommt auf
400
Einwohner
1
Polizist

kommt auf
522
Einwohner
1
Arzt

Text: Arnold Leifert

Eulenspygel

Die Gruppe besteht zur Zeit aus 5 Leuten im Alter von 18 bis 26 Jahren. Berufe: Banklehrling, Reprofotograf, Finanzangestellter, Student, Berufsmusiker. Eulenspygel entstand als Popgruppe, „. . . bis einige von (ihnen) vor zwei Jahren erkannten, daß es heller Wahnsinn ist, englische Texte vor einem deutschen Publikum zu singen, zumal dann, wenn man die Absicht (hat), mit seinen Texten dem Publikum etwas zu sagen.“ Die Gruppe tritt als „normale“ Gruppe auf, um im Verlauf des Konzertes durch ihre Texte die Zuhörer zu politisieren. Dabei ist ihr die Musik „. . . das Tablett, auf dem (sie ihre) politischen Inhalte serviert.“ Einer bestimmten Tradition fühlt sie sich nicht verpflichtet.
Instrumente: Bass, Gitarren, Sitar, Melotrom, Flöten, Schlagzeug, Saxophon, Klarinette, Orgel, Piano.
„Wir verwenden für die Vorbereitung unserer Lieder ausgesprochen viel Zeit. Die letzte LP „Ausschuß“ ist nicht aus irgendwelchen Konfliktsituationen heraus entstanden, sondern wir hatten schlicht vor, uns mit Randgruppen der Gesellschaft auseinanderzusetzen. Wir waren der Meinung, daß schon sehr viele Gruppen sich mit der Lehrlingssituation und den Arbeitsmißverhältnissen auseinandersetzten, und wir wollten dieses Spektrum auf derselben Basis wie die anderen Gruppen, nämlich durch genaue Analysen dieser Klassengesellschaft, durchleuchten. Wir haben uns daraufhin etwa ein halbes Jahr lang mit Erziehungsheimen beschäftigt. D. h. wir suchten ganz bestimmte Heime in einem Turnus auf und diskutierten mit den Leuten über ihre Probleme in den Heimen und ihre privaten Probleme, wir versuchten dort, wo sich noch keine Organisation der „Zöglinge“ befand, eine aufzubauen und dort, wo wir eine antrafen, versuchten wir, diese Mitverwaltung etc. zu durchleuchten, und in den meisten Fällen mußten wir die Leute, wie nicht anders erwartet, darauf aufmerksam machen, welch raffinierte Funktion ein solcher Pseudomitbestimmungsapparat für eine Heimleitung hat. Hier wurden Protokolle geführt und Tonbandaufnahmen gemacht. Aus diesem großen Material entstanden dann unsere Texte, sowie eine halbstündige Fernsehsendung, über die Thematik „Ausschuß“.

Kaputtes Machen

Aktenzeichen B 25 708 — unehelich geboren
(Name — Peter Schneider)
Die Mutter ist nur Arbeitertochter, was kann die schon,
der Vater hört auf seine Mutter

(na, die wirst Du doch nicht heiraten wollen)
So schuftet sie als Köchin im Lehrlingsheim,
für einen Hungerlohn
(Was soll der Staat denn noch alles zahlen)
Und der Amtsvormund weiß genau, was für Peter
gut ist — lernen, daß Leben Arbeiten heißt.
(und am besten auf dem Land — geführt von fester Hand)

Kaputtmachen

Wie ein Sklave werd' ich hier behandelt, kein
Pflegekind, nur billige Arbeitskraft!
Mein Zimmer hat nur eine trübe Lampe und
nachts gehen die Mäuse spazieren.
Man hat mich nichts gelehrt, dafür werde ich
jetzt verachtet, denn die andern sind in
Ordnung, nicht so schlecht wie ich.
Das Geld reicht kaum, für Peter fehlt die Zeit —
ab mit Dir ins Kinderheim

(Es ist für alle gesorgt)
Auf eine schlecht bezahlte Schwester kommen
15 Babies — Peter fällt zurück
(Kein Gefühl, keine Liebe — nur Rachitis)
Zwei Jahre später kann man im Amtsgericht
lesen — Peter ist so trotzig
(und nervös, und er näßt sogar noch ein — unverständlich)

Der Vater ist aus Amerika, klar er darf nicht
adoptieren — und Peter geht von Hand zu Hand
(Pflegeeltern, Heimeltern — bloß nicht heimisch werden)
Mein Vormund fand, er hat sich eingelebt,
aber mir blieb schließlich nur noch Flucht.
Im Nonnenkloster mußte ich büßen für alle
Sünden meiner Mutter.
Beten war wichtiger als Rechnen und Schreiben.
Die Nonnen prügeln die Großen, die Großen
dafür die Kleinen.
Als ich ein wenig Liebe fand, im Bett mit
Dieter, wurde ich öffentlich blutig geschlagen.
Schließlich hab' ich zurückgeschlagen und war
nicht länger tragbar.
„Du wirst ohnehin im Zuchthaus landen!"
Die Nonne kannte sich aus.

„Volks-Musik" (Hotzenplotz)

Unter dem Namen „Hotzenplotz" fanden sich 1968 fünf Leute zusammen, die „. . . nach neuen Ausdrucksmöglichkeiten für politische Aussagen suchten." Diese fünf Leute, jetzt zwischen 20 und 27 Jahren alt, sind: ein Redakteur, zwei Lehrerstudenten, ein Mathematikstudent und ein technischer Zeichner. 1972 wurde der Gruppe „Hotzenplotz" durch den Verleger eines gleichnamigen Kinderbuches die Führung ihres Namens gerichtlich verboten. Seitdem nennt sie sich „Volks-Musik". Instrumente: Gitarren, Schlagzeug, Baß. Die Gruppe schreibt ihre Lieder für den „. . . festen dramaturgischen Zusammenhang der Polit-Rock-Show". Ihre Texte singen sie in deutscher Sprache, denn „politische Songs sind nur sinnvoll, wenn sie von den Betroffenen mitgesungen werden können."
Die Gruppe Volks-Musik hat bislang eine LP produziert, und zwar „. . . in Heimarbeit . . .". Darüber schreibt sie: „Wir haben mit Eigenproduktionen gute Erfahrungen gemacht, allerdings muß man Durchhaltevermögen haben. Schön ist natürlich die inhaltliche Unabhängigkeit und relative Freiheit überhaupt, etwas Neues zu machen." Zu ihrer Musik hat die Gruppe folgende Einstellung: „Befindet sich die Gesellschaft in einer konkreten Kampfsituation, wird Musik für Kampflieder gebraucht, für die Mobilisierung von Emotionen, für den Apell an Solidarität, für den Kampfeswillen. Da wir leider noch nicht in dieser Situation leben, sondern die Klassenauseinandersetzungen in anderer Form stattfinden, braucht man Musik zur Unterhaltung, zur Entspannung und zur Vermittlung von Informationen und einfachen Parolen. Kann man mit Musik die Gesellschaft verändern? Nein, aber wir unterhalten die Truppen, die dieses System eines Tages stürzen werden."

Wenn du mal echt auf der Rolle hängst

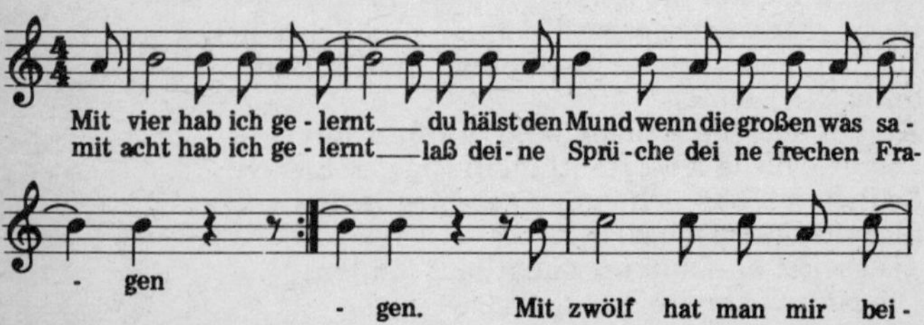

Gesprochen: da war mir ...

Gesprochen: da ...

mit vier hab ich gelernt
du hälst den mund wenn die großen was sagen
mit acht hab ich gelernt
laß deine sprüche deine frechen fragen
mit zwölf hat man mir beigebracht
sei höflich sei bescheiden
mit vierzehn
nun wirds zeit dich wie ein junger Mann zu kleiden

Refrain:
da war mir das alles plötzlich zu dumm
ich fühl mich beschissen
warum muß ich müssen
was eigentlich los ist fragst du dich längst
du begreifst es
WENN DU MAL ECHT AUF DER ROLLE HÄNGST

mit sechs sollt ich mir
am bruder ein beispiel nehmen er hieß ernst
mit zehn hör auf die eltern
du mußt dran glauben damit du was lernst
mit vierzehn du weißt nichts
dein lehrer der hat recht
gewöhn dich endlich dran
es gibt den HERRN es gibt den knecht

Refrain:
man hat dich ein leben lang darauf getrimmt
daß das was du tun willst
ein anderer bestimmt
fürn zirkus ein glanzstück
in freiheit dressiert
du bist ganz normal
bis es plötzlich passiert

da wird dir dann alles einfach zu blöd
du fühlst dich beschissen
warum mußt du müssen
du willst endlich wissen
du willst jetzt mal wissen
was eigentlich los ist

was eigentlich los ist
fragst du dich längst
du begreifst es

WENN DU MAL ECHT AUF DER ROLLE HÄNGST

Unternehmersong

Gesprochen: was haste nun davon ...

Gesprochen: was haste nun davon ...

Gesprochen: wir helfen dir gern . . .

armes unternehmerlein
bist nicht zu beneiden
immer große dinge tun
immer nur entscheiden
immer die verantwortung
für das ganze tragen
morgens mittags abends nachts
dich für andre plagen

was haste nun davon
pro jahr ne million
was machste nu damit
neuen profit . . .

armes unternehmerlein
dauernd investieren
kampf mit dem gewerkschaftsvolk
das will nicht parieren . . .
und die konkurrenz ist groß
sie setzt dich unter druck
warte nur im nächsten jahr
wirst du vom konzern geschluckt

was haste nu davon
noch ne million
und was machste dann
dann legst du sie an . . .

armes unternehmerlein
trauerst um die zinsen
der geplante aktiencoup
der ging in die binsen
deine freundin liebt das geld
deine frau den gärtner
wenn du pech hast grüßt dich bald
nicht mal mehr der pförtner
wenn ich dich so seh
das tut mir so weh
ich will dir was sagen
hör doch auf zu klagen

wir helfen dir gern zu beständigem glück
wir enteignen dich einfach
und sozialisieren deine fabrik
wir wollen nicht mal daß du blutest
nur daß du dich beim abhaun sputest

Solidaritäts Song

es geht durch die städte ein raunen
leute hört ihr es nicht
es kommt von den schwarzen und braunen
leute hört ihr es nicht
es flüstern die herren
der großen fabriken
aus angst um den profit
der akkordproduktion
sie können nur eins
uns unterdrücken
sie haben schiß
vor jeder gezielten aktion

Refrain:
lehrlinge schüler
wir schließen uns zusammen
wir nehmen unsere sache in die hand
wir lassen uns nicht länger
zum schweigen verdammen
wenn wir das unrecht erkannt
wir sind solidarisch
mit unseren freunden

in jeder schule in jeder fabrik
wir zeigen daß als kampfziel
wir eines erkennen
freiheit für uns durch unsere politik

zerreißt die parolen die lügen
vom wohlstand und klassenharmonie
sie wollen uns doch nur betrügen
den nutzen den haben nur sie
sie faseln vom volk
und seinen interessen
und denken dabei nur an ihren profit
wer aufmotzt kriegt eins in die fresse
leute da machen wir nicht mit

Refrain

wir sind in dem kampfe nicht einsam
leute schaut euch mal um
das ziel ist den massen gemeinsam
leute schaut euch doch um
die kapitalisten wolln uns nur bluffen
damit uns die lust am kämpfen vergeht
WIR LASSEN UNS NICHT BLUFFEN
WIR KÖNNEN SIE TREFFEN
ENTSCHEIDEND IST UNSERE
S O L I D A R I T Ä T

Refrain

Bleibt cool Freunde

mir gefällt es nicht sagt der vater
daß du da rumhockst
bei diesen typen dort
das ist kein umgang für dich

vater mag lange haare nicht
er mag sie nicht bleibt cool freunde

mir gefällt es nicht sagt die mutti
daß du da rumhockst
bei diesen typen dort
das ist kein umgang für dich

mutti meint sie halten dich von der arbeit ab
sie halten dich ab bleibt cool freunde

mir gefällt es nicht sagt dein meister
daß du da rumhockst
bei diesen oberschülern dort
das ist kein umgang für dich

der meister mißtraut den besserwissern
er mißtraut ihnen bleibt cool freunde

mir gefällt es nicht sagt dein lehrer
daß du da rumhockst
bei diesen lehrlingen dort
das ist kein umgang für dich

der lehrer verachtet die unstudierten
er verachtet sie bleibt cool freunde

mir gefällt es nicht sagt der KAPITALIST
daß die da zusammenhocken
lehrlinge und schüler
arbeiter und studenten
das riecht nach umsturz für mich

der kapitalist ist meistens gar nicht so blöd
er wittert die gefahr cool bleiben freunde
freut euch freunde
daß ihr zusammen da rumhockt

VOM RUMHOCKEN KANN MAN
ZIEMLICH SCHNELL
A U F S T E H E N

Kapitalisten Song

was du verdienst ist ihm egal
solange er noch genug an dir verdient
wieviel du ausgibst ist ihm egal
solange du fleißig einkaufst bei ihm
was du einkaufst ist ihm egal
wenn du nur die schnauze hältst
deine meinung ist ihm egal
solange du schuftest für ihn
was du gegen ihn sagst ist ihm egal
SOLANGE DU NICHTS GEGEN IHN TUST

Refrain:
du hast einen feind
du spürst ihn wenn du ne wut hast
du hast einen feind
du spürst ihn wenn du dich wehrlos fühlst
wenn du drandenkst daß du ständig
irgendwelche rennen machst
und auf halber strecke merkst
daß du von anfang an verloren hast
dann erkennst du wer er ist
DEIN FEIND DER KAPITALIST

wu du arbeiten mußt ist ihm egal
solange du nicht siehst wie er nichts tut
wie du wohnst ist ihm egal
solange er von dir die miete kriegt
welche musik du hörst ist ihm egal
solange du nach seiner pfeife tanzt
welchen krimi du liest ist ihm egal
SOLANGE DU IHN NICHT ÜBERFÜHRST

Refrain:
du hast einen feind . . .
wenn du nachdenkst was es denn ist
was dich frustriert
wenn dir aufgeht
daß nach dem system ausgebeutet wird
dann erkennst du wer er ist
DEIN FEIND DER KAPITALIST

versuch mit ihm zu reden
er kann nur toben oder streicheln
versuch mit ihm zu handeln
er lacht und haut dich in die pfanne
er ist immer freundlich
wenn er dich kurz mal fertig macht
bevor er seinen besitz hergibt
bevor er endlich verschwindet
schlägt er lieber die welt kaputt
MIT DIR MITTEN DRIN

Refrain:
du hast einen feind . . .
wenn du draufkommst
daß er niemals von alleine geht
wenn er nicht sieht
daß vor ihm eine SOLIDARISCHE MASSE steht
dann erkennst du wer er ist
DEIN FEIND DER KAPITALIST

Ton-Steine-Scherben

„Wie leben wir

Von uns sechs Scherben arbeitet niemand mehr unter einem Chef. Und wenn wir das jemals wieder tun sollten, dann nur, um im Betrieb Putz zu machen.
Wir leben zusammen, kochen zusammen, machen zusammen Musik, heften die Platteneinbände zusammen, machen zusammen den Vertrieb. Es gibt keinen Monatslohn. Wer Geld braucht, nimmt es sich und sagt es den Andern. Wenn es Probleme gibt, kann jeder ne Vollversammlung verlangen, auf der wir so lange reden oder uns anschreien, bis alle das Problem sehn. (Unterdrückung, kaputte Fickgeschichten, Unverständnis, Eifersucht, Größenwahn, Lieblosigkeit) Weil jeder weiß, daß ein ungelöstes Problem alle runterbringen kann, versucht meistens jeder seinen Teil zur Lösung zu tun.
Wir sind in keiner Partei und wir wolln auch in keine."

„Wie machen wir unsere Lieder

Es passiert jeden Tag. Mal näher — mal weiter weg. In Asien, Afrika, Amerika, Europa, in deiner Stadt, in unserer Wohnung.
Georg von Rauch wurde 2000 Meter von hier ermordet und auch in unserer Wohnung warn seine Mörder mit entsicherten Mp's.
Ihre Verbrechen lassen Spuren zurück. In unseren Köpfen. Angst vor dem Knast und vor dem Tod.
Ihre Drohung heißt: „Wenn ihr euch wehrt, gehts euch wie Georg, den Vietnamesen oder der „Baader-Meinhoff" Bande."
Und sie drohen, weil sie Angst vor uns haben. Vor Menschen, die ihr Gehirn benutzen, um ein Teil der Lösung zu sein. Zehn von uns können stärker sein als die Bundeswehr. Die Menschen in Vietnam sind stärker als die sieben Millionen Tonnen Ami-Bomben.
Wer sucht, der findet. Wir sind Millionen.
Musik ist eine Waffe.
Wir schreien laut, was alle kennen und meistens in sich reinfressen: ich bin unzufrieden — wir sind unzufrieden.
Jeder soll wissen, daß er nicht alleine ist. Zusammen werden wir es schaffen. Wenn wir aufhören, uns untereinander kaputtzumachen.
„Macht kaputt was euch kaputt macht"
„Zerstört das System das euch zerstört"

Unsere Feinde sind unsere Unterdrücker.
Unsere Musik soll das Gefühl der Stärke vermitteln.
„Wir haben nichts zu verlieren außer unserer Angst."
Unser Maßstab bist du."

„Was passiert bei unsern Konzerten

Jedes Konzert ist ein Kampf mit der Angst.
Mit unserer Angst:
„Ich bin ein Star"
„Jeder ist ein Star"
„Du mußt was bringen"
„Ich kann nur bringen was in mir drin ist"
„Die Leute wolln was sehn für ihr Geld"
„Was Leute sehn, hängt davon ab, wohin sie schaun
und was sie machen und nicht vom Geld."
„Du mußt spielen wie Jimmy"
„Ich spiele wie ich"
„Ihr seid zu laut"
„Du bist zu leise"
„Wir könnens ja doch nicht schaffen"
„Was haben wir zu verlieren? Entweder wir erreichen was
wir wollen, oder nicht — dann machen wirs
das nächstemal besser."
„Sagt doch was wir machen sollen"
„Mach doch was wir sagen sollen"

In jeder Stadt ist es dasselbe, die Bonzen von der Stadt rechnen mit den „Jugendlichen". Aber sie tun nichts für uns. Selbst wenn sie ein Jugendzentrum für X Millionen baun, machen sie's gegen uns.Damit sie uns unter Kontrolle haben. Jede Stadt braucht ein Jugendzentrum, das von den Leuten verwaltet wird, die da drin was machen und nicht von bezahlten „Jugendleitern". Aber dagegen wehren sich die Bonzen von der Stadt. Denn nur ein selbständiges Jugendzentrum ist ein gutes Jugendzentrum. Und zu einem guten Jugendzentrum kommen viele. Und viele junge Typen, die sich verstehn, sind eine unberechenbare Kraft. Die Bonzen sagen: „Wir haben kein Geld für ein Jugendzentrum, wir müssen Garagen baun."
„Die Diskussion ist beendet"
„Das ist die dritte Aufforderung, wenn sie jetzt das Haus nicht räumen, machen wir vom Schlagstock Gebrauch"
Auf jede Frage und auf jeden Befehl gibt es eine Antwort. Manche Antworten können wir nicht sagen — nur machen."

„Wie machen wir unsere Platten

Uns haben die Vertreter von allen „progressiven“ Plattenfirmen besucht: „Ihr wollt doch bekannt werden — wer bekannt werden will, braucht Publicity, wer Publicity will, braucht Promotion — wer Promotion will, braucht ne gute Plattenfirma.“
Wir haben drauf geschissen.
Wir wollen nicht, daß unsere Platten gekauft werden, weil irgendein geschmierter schmieriger Disjockey sie anpreist, sondern weil sie gut sind. Das kann jeder selbst beurteilen.
Also haben wir die erste Platte bei Klaus aufgenommen, der war Toningenieur und hat noch zwei Studiotonbandgeräte und ein Mischpult und sowas rumstehn. Dann haben wir die Platte bei einem Presswerk pressen lassen, wie jede andre Plattenfirma auch. Nach einer Woche warn tausend Stück verkauft. Ohne Werbung. Nur weil sie damals gut war und genau in die Zeit paßte.
Von „Macht kaputt was euch kaputt macht“ sind inzwischen zehntausend Stück weg, und von der LP „Warum geht es mir so dreckig“ auch nochmal soviel. Wir können die Platten billig verkaufen, weil wir auf keinen Profit scharf sind und nur das Geld zum Leben und für die Produktionsmittel brauchen. Wer seine Platten auch lieber selber produzieren will, soll sich an uns wenden, wir können heiße Tips geben.“
Instrumente der „Scherben“: Gitarre, Klavier, Melodiegitarre, Conga, Mundharmonika, Baß, Schlagzeug, Saxophon, Flöte, Posaune, Percussion.

Warum geht es mir so dreckig

Warum geht es mir so dreckig, was kann ich allein dagegen tun
Warum geht es mir so dreckig, was kann ich allein dagegen tun

Sieben Uhr aufstehn, Kaffee trinken
Zur Arbeit fahrn, freundlich sein, den Chef grüßen
Nicht sagen was ich denke, nicht denken was ich sage
Ich möchte am liebsten tot sein und von allem nichts mehr sehn
Ich möchte am liebsten tot sein und von allem nichts mehr sehn

Warum geht es mir so dreckig, was kann ich allein dagegen tun
Warum geht es mir so dreckig, was kann ich allein dagegen tun

Fünf Uhr Feierabend, zum Bus rennen
Nabend Alter, nabend Alte, Abendessen
In die nächste Kneipe gehn, Bier trinken
Ich möchte so besoffen sein, daß ich alles nicht mehr seh
Ich möchte so besoffen sein, daß ich alles nicht mehr seh

Warum geht es mir so dreckig, was kann ich allein dagegen tun
Warum geht es mir so dreckig, was kann ich allein dagegen tun

Soll ich morgen abhaun und gehn wohin ich will
Soll ich die Papiere holen und machen, was ich will
Soll ich mir'n Schuß machen und von allem nichts mehr sehn
Ich möchte endlich frei sein, aber wohin soll ich gehn

Warum geht es mir so dreckig
Warum geht es mir so dreckig
Warum geht es mir so dreckig
Warum geht es mir so dreckig!

Sklavenhändler

Sklavenhändler hast du Arbeit für mich
Sklavenhändler ich tu alles für dich
Sklavenhändler hast du Arbeit für mich
Sklavenhändler ich tu alles für dich

Ich verkauf dir meine Hände, ich verkauf dir meinen Kopf
Ich versprech dir nicht viel zu denken und ich schau dir nicht in deinen Topf
Für mich bist du der Engel, der uns Armen Arbeit gibt
Ohne dich wär ich verhungert, ich bin froh, daß es dich gibt

Sklavenhändler hast du Arbeit für mich
Sklavenhändler ich tu alles für dich
Sklavenhändler geh zum Telefon
Hörst du nicht — es klingelt schon

Und wenn ich siebenfünfzig verdiene, geb ich dir dreifünfzig ab
Ich brauch nur was zu essen und vielleicht ein bißchen Schnaps
Ich brauch überhaupt nicht viel Geld, denn ich bin ein schlechter Mensch
Ich hab mein ganzes Leben nichts gelernt, außer daß man besser die Fresse hält

Sklavenhändler hast du Arbeit für mich
Sklavenhändler ich tu alles für dich
Sklavenhändler hast du Arbeit für mich
Sklavenhändler ich tu alles für dich

Menschenjäger

Sie würden uns gern im Knast begraben
Sie würden uns gern zum Teufel jagen
Doch der Teufel will uns gar nicht haben
Wartet auf sie schon seit'n paar tausend Jahren
Ich mein die Menschenjäger
Und die Schreibtischtäter
Die uns millionenmal ermordet haben
Sie zittern schon um ihren weißen Kragen

Wenn der Führer ruft sind sie dabei
Sie sind zu kaufen für die schlimmste Schweinerei
Und sie killen und denken nicht dabei
Sie sind der Grund für jede Schießerei
Ich mein die Menschenjäger
Und die Schreibtischtäter
Die uns millionenmal ermordet haben
Sie spüren schon die Schlinge
Um ihren weißen Kragen

Menschenjäger werdet ihrs kapieren
Ich weiß nicht wieviel heut durch euch krepieren
Aber eins kann ich euch garantieren
Eure MG's werden nicht ewig regieren
Ihr könnt uns verfolgen und massakriern
Doch für jeden den ihr kriegt
Werden zwölf andere marschieren
Ihr könnt gehorchen ihr könnt kommandieren
Doch ihr kämpft gegen uns alle
Drum werdet ihr verliern

Menschenjäger Schreibtischtäter
Popos Kripo NPD
Faschisten Sadisten CIA
Neckermänner Genscher Springer
Krupp und alle Kriegsgewinner
Neubauer Ruhnau Nixon Hübner Schreiber
Und wie sie alle heißen
Franz-Josef Rainer
Seht die Zeiger auf der Uhr
Papiertiger

Ich will nicht werden was mein Alter ist

Wenn ich nach Hause komme— sitzt da ein alter Typ
der sagt er ist mein Vater, und ich glaub auch, daß ers ist
Wir sehen uns nur manchmal und dann reden wir nicht viel
Doch wenn wir reden sagt er: Junge aus dir wird mal
nicht viel
Alles was du anfängst, hörst du gleich wieder auf
Du kannst doch nie ne Familie ernähren und du kriegst
auch keine Braut
Du mußt arbeiten, schuften so wie ich
Aber ich will nicht werden was mein Alter ist
Ich möchte aufhörn und pfeifen auf das Geld
Ich weiß, wenn das so weitergeht, bin ich fertig mit der Welt

Arbeit macht das Leben süß, so süß wie Maschinenöl
Ich mach den ganzen Tag nur Sachen, die ich gar nicht
machen will
Ich möchte gern mal meinem Chef die Möbel gradeziehn
Doch ich krieg die Faust nicht aus der Tasche,
ich weiß nicht mehr was ich will

Ich möcht am liebsten abhaun, wenns zuhause wieder kracht
Und ich warte jeden Montagmorgen schon auf Freitagnacht
Doch mein Alter sagt: du mußt arbeiten und schuften
so wie ich
Aber ich will nicht werden was mein Alter ist
Ich möchte aufhörn und pfeifen auf das Geld
Ich weiß, wenn das so weitergeht, bin ich fertig
mit der Welt

Keine Macht für Niemand

Ich bin nicht frei und ich kann nur wählen
Welche Diebe mich bestehlen welche Mörder mir befehlen
Ich bin tausendmal verblutet und sie haben mich vergessen
ich bin tausendmal verhungert und sie waren vollgefressen
Im Süden im Osten im Westen im Norden
Es sind überall dieselben die uns ermorden
In jeder Stadt und in jedem Land
Schreibt die Parole an jede Wand
Keine Macht für Niemand

Reißen wir die Mauern ein die uns trennen
Kommt zusammen Leute lernt euch kennen
Du bist nicht besser als der neben dir
Keiner hat das Recht Menschen zu regieren
Im Süden im Osten im Norden im Westen
Es sind überall dieselben die uns erpressen
In jeder Stadt und in jedem Land
Heißt die Parole von unserem Kampf
Keine Macht für Niemand

Komm rüber Bruder reih dich ein
Komm rüber Schwester du bist nicht allein
Komm rüber Mutter wir sind auf deiner Seite
Komm rüber Alter wir wolln das gleiche
In Augsburg in München Frankfurt Saarbrücken
Es sind überall dieselben die uns unterdrücken
In jeder Stadt und in jedem Land
Mach ne Faust aus deiner Hand
Keine Macht für Niemand

Der Traum ist aus

Ich hab geträumt der Winter war vorbei
Du warst hier und wir warn frei
Und die Morgensonne schien
Es gab keine Angst und nichts zu verliern
Es war Friede bei den Menschen und unter den Tiern
Das war das Paradies

Der Traum ist aus
Der Traum ist aus
Aber ich würde alles geben
Daß er Wirklichkeit wird

Ich hab geträumt der Krieg war vorbei
Du warst hier und wir warn frei
Und die Morgensonne schien
Alle Türen waren offen die Gefängnisse leer
Es gab keine Waffen und keine Kriege mehr
Das war das Paradies

Der Traum ist aus der Traum ist aus
Aber ich würde alles geben
Daß er Wirklichkeit wird

Gibt es ein Land auf der Erde
Wo der Traum Wirklichkeit ist
Ich weiß es wirklich nicht
Ich weiß nur eins und da bin ich sicher
Dieses Land ist es nicht
Dieses Land ist es nicht

Der Traum ist aus zu dieser Zeit
Doch nicht mehr lange mach dich bereit
Für den Kampf ums Paradies
Wir haben nichts zu verlieren
Außer unsrer Angst
Es ist unsre Zukunft es ist unser Land
Gib mir deine Liebe gib mir deine Hand

Der Traum ist aus
Der Traum ist aus
Aber ich werde alles geben
Daß er Wirklichkeit wird

Alles verändert sich

Es gibt keine Liebe
Wenn wir sie nicht wollen
Es gibt keine Sonne
Wenn wir sie nicht sehen
Es gibt keine Wahrheit
Wenn wir sie nicht suchen
Es gibt keinen Frieden
Wenn wir ihn nicht wollen

Alles verändert sich
Wenn Du es veränderst
Doch Du kannst nicht gewinnen
Solange Du allein bist!

Ein Baum kann nicht blühn
Wenn keine Sonne scheint
Es gibt keinen Fluß
Wenn kein Regen fällt
Es gibt keine Wahrheit
Wenn wir sie nicht suchen
Es gibt keine Freiheit
Wenn wir sie nicht nehmen

Alles verändert sich
Wenn Du es veränderst
Doch Du kannst nicht gewinnen
Solange Du allein bist!

Solidarität

Uns fehlt nicht der Mut, uns fehlt nicht die Kraft
Uns fehlt nicht die Zeit, uns fehlt nicht die Macht

Was wir wollen, können wir erreichen
Wenn wir wollen, stehn alle Räder still
Wir haben keine Angst zu kämpfen
Denn die Freiheit ist unser Ziel
Denn die Freiheit ist unser Ziel

Alles was uns fehlt, ist die Solidarität
Alles was uns fehlt, ist die Solidarität

Uns fehlt nicht die Hoffnung, uns fehlt nicht der Mut
Uns fehlt nicht die Kraft, uns fehlt nicht die Wut

Was wir wollen, können wir erreichen
Wenn wir wollen, stehn alle Räder still
Wir haben keine Angst zu kämpfen
Denn die Freiheit ist unser Ziel
Denn die Freiheit ist unser Ziel

ALLES WAS UNS FEHLT IST DIE SOLIDARITÄT
ALLES WAS UNS FEHLT IST DIE SOLIDARITÄT!

Duisburger Songgruppe „Kattong"

„Im Ruhrgebiet wird „Kattong" als eine Art Kraftlaut für ‚Zunder geben' oder ‚Feuer untern Arsch' verwendet." Zur Gruppe gehören: Frank Beyer, Maschinenbauingenieur, 29 Jahre (6—seit. acc. Gitarre, harm. voc., Liedermacher), Rolf Hucklenbruch, Industriekaufmann, 24 Jahre (12—seit. acc. Gitarre, voc., Liedermacher), Harald Golbach, Retuscheur, 20 Jahre (conga, perc., voc.).

„Unsere Vorstellungen, Mißstände, Diskriminierung und Unrecht in der BRD aufzuzeigen, setzen wir in das Beispiel Knast und Fürsorgeerziehung um. Aus eigenen Texten, Texten von Rother, Hauser und Leuten der Arbeiterliteraturwerkstatt erarbeiteten wir das Programm ‚Lieder vor und hinter Gittern'. Nach vier Konzerten in den Vollzugsanstalten Attendorn, Anrath, Männer- und Frauenhaus Essen wurden weitere Knastveranstaltungen seitens der Behörde aus ‚gesundheitspolizeilichen Gründen' abgesagt. Erst danach wurden unsere Lieder und Zwischentexte konkreter. Der Zusammenhang zwischen dem Mann hinter der Drehbank und hinter Gittern, die verschleierte Identität zwischen Betriebsordnung und Knastordnungen, Ursachen der Kriminalität Unterprivilegierter (93 % Eigentumsdelikte — 85 % Rückfalltäter) veränderten den politischen Gehalt unseres Programms. Auf unsere Initiative hin entstanden in Krefeld (AFH= Aktionsgruppe Fürsorgehilfe) und Düsseldorf (ASH= Aktionsgruppe Strafgefangenenhilfe) politische Basisgruppen, die als Alternative zu unserer Arbeit betrachtet werden. — Unsere Single „diebstahl lohnend" und die LP „Stiehl dem Volk die Geduld" (Schwann-Verlag) geben z. T. nicht mehr den heutigen Stand wieder, da auf unseren Scheiben Zwischen- und Agitationstexte absolut fehlen . . .
Diskussionen am Arbeitsplatz, Kampf gegen die Gleichgültigkeit und asoziales Denken bei Arbeitern, Lehrlingen und Angestellten hat nur dazu geführt, daß wir in die rote Ecke gedrängt und von den Reaktionären mit betrieblichen Repressalien gedrückt wurden".
Auch bei der Veröffentlichung ihrer Lieder bekam „Kattong" eine Reihe von Schwierigkeiten:

a) „Verbote von Knastkonzerten, die schon fest vereinbart waren, in Kleve, Herford, Hannover, Siegburg, Münster.
b) September 72 Popshop beim SWF: hier wurde „Marion S." aus der Sendung gestrichen, die Sendung wurde bewußt caritativ gehalten.
c) Presse-Veröffentlichungen werden entgegen unserer tatsächlichen Aussage z. T. stark entschärft.
d) Unsere Briefkontakte mit Häftlingen werden in einigen

Anstalten (z. B. Werl, Anstaltsleiter Reg. Dir. Ihle) z. T. total blockiert.

e) Der Proberaum in der katholischen Pfarre Duisburg-Hüttenheim wurden uns nach einem Jahr gestrichen, nachdem die Thematik unserer Lieder bekannt wurde.

f) Ein mit den Jugendvertretern der August-Thyssen-Hütte Ruhrort vereinbartes Konzert wurde durch Personaldirektor Billen (SPD) gestrichen. Eine der Begründungen: ‚Lieder von Kattong gehören nicht auf eine Jugendversammlung, da sie laut Betriebsverfassungsgesetz § 45 nicht erlaubt sind'. An unserer Stelle hielt der Bürgermeister der Stadt Duisburg ein Referat über Umweltschutz.

g) Anstaltsleiter etlicher Fürsorgeheime waren generell zu einem Konzert bereit . . . bis sie unsere Texte sahen . . .

Die Streuung unseres Programms muß man im Zusammenhang mit unserem Musikstil sehen. Die Kattong-Musik ist nicht genau zu definieren. Vielleicht kann man's als eine Mischung aus Folkrock und Pop bezeichnen. Durch die Akkustikgitarren und Conga ist unsere Musik niemals dröhnend, sondern mehr auf Textverständlichkeit abgestimmt . . . Nach unseren Erfahrungen ist deshalb die Resonanz bei Pop-Festivals genauso stark wie bei Liederabenden oder politischen Veranstaltungen. Da wir unsere Lieder und Texte nach jeder Veranstaltung zur Diskussion stellen, kann die Möglichkeit eines Beitrags zur politischen Bewußtmachung verwirklicht werden. Die Mitglieder der AHS und AFH sind z. B. zum Teil durch unsere Veranstaltungen in die Aktionsgruppen gekommen."

Die Karriere der Marion S.

Marion S., geb. 55 in Essen, Nähe Nordbahnhof
Eltern: keine Jugend gehabt, jetzt fernsehkrank
Vater: Angestellter und Kegelbruder, säuft
Mutter: putzt für den neuen Capri
Marion ist Lehrling im Konsum, konnte noch nie richtig mit ihren Eltern reden, lernt im Podium Typen kennen, mit denen sie sich wenigstens ausquatschen kann
Trifft sich auch mal mit Kiffern und bleibt nachts zulange auf der Reise
Die Polizei findet sie im Trip und schaltet die Fürsorge ein
Die Eltern sind sofort einverstanden mit der „freiwilligen Erziehungshilfe"
Lehnen sowieso die Erziehung ihrer vergammelten Tochter ab.

Refrain:
Schenk mir deine Wut, ich kann sie gebrauchen
schrei denen ins Gesicht, die dir die Knochen stauchen
was nützt es, wenn du wiederschlägst
nur deine Haut zu Markte trägst
zuviele, die dich mangeln woll'n
zuviele, die dich überroll'n
na, heul schon, weil du hilflos bist
und schenk mir deine Wut, ich kann sie gebrauchen.

Marion wird im Heim kaputtgemacht, schlimmer noch als zu Hause
Verbote, die sie nie kapiert
Diese Hausordnung, nichts zu rauchen, kaum Freizeit und der Ordentlichkeitsfimmel . . . einfach zum Kotzen
Marion macht den Satz, pennt nachts in Hauseingängen, wird wieder geschnappt
Türmt immer wieder, trifft unterwegs sozusagen falsche Freunde, wird von diesen netten Burschen der Reihe nach gebummst wird geschlagen, wird gängig gemacht und auf den Strich geschickt — Wird dann noch beim Anschaffen mit ihren Zuhältern von der Sitte geschnappt — Weg vom Fenster . . .

Refrain: Schenk mir . . .

Marion sitzt jetzt in U-Haft, Essen, Krawehlstr., Frauenhaus
Anklage: Prostitution und Hehlerei, Widerstand gegen die Staatsgewalt, Verstoß gegen das Opiumgesetz
Marion, 16 Jahre. Ihre Zellengenossinnen:
Nutten, Erpresserinnen, Stadtstreicherinnen und Langstrafige.
Genau das richtige für Marion, Karriere zu machen . . .
Ja, und die Eltern sagen: Wir haben alles für sie getan.
Jetzt soll sie selbst sehen, wie sie daraus kommt . . .
und außerdem gibt es doch staatliche Bewährungshelfer —
SCHEISS DRAUF MARION

Refrain: Schenk mir . . .

Authentischer Bericht (Baier/Baier)

In Supermarktregalen

In Supermarktregalen
hat einer was entdeckt
das kann er nicht bezahlen
da hat ers eingesteckt

Refrain:
Das sind aber immer die Gleichen
die werden sogar aggressiv
und das gibt es nie bei den Reichen
die haben dafür kein Motiv

Ein Kerl der eingebrochen
klaut aus dem Panzerschrank
Krupps Rente für sechs Wochen
die reicht ihm lebenslang

Refrain:
So tief sinken immer die Gleichen
da fehlt jeder sittliche Halt
den findet man nur bei den Reichen
die nehmen sich nichts mit Gewalt

Es gibt sogar Verbrecher
die schießen manchmal gern
aus Rache kleine Löcher
in einen großen Herrn

Refrain:
Dann werden feudalere Leichen
als allgemein üblich entdeckt
das ist ein bedenkliches Zeichen
die Menschen verliern den Respekt

Text: Liselotte Rauner

„Kattong"-Blues

Wir grüßen alle Davongekommenen und Nichttäter dieses Landes
Dazu zählt auch Kattong
Wir grüßen alle Strafentlassenen unter uns und hoffen
daß sie das große Glück hatten
wieder Arbeit, Wohnung und zurück zur Familie zu finden

Wir grüßen die Rückfälligen drinnen und draußen
und bitten sie um Verständnis und Toleranz
gegenüber dem ordentlichen und ehrbaren Bürger
der Befriedigung empfindet bei der Bestrafung anderer.

Wir hoffen, daß der Strafgefangene nicht mit den gleichen
Vorurteilen behaftet ist wie die Gesellschaft
die ihn zum Sündenbock und anschl. kaputtgemacht hat.

Wir bitten den sogenannten Kriminellen, mit milderem Maß zu richten
über den antiquierten und verbesserungsbedürftigen Strafvollzug
und zu bedenken, daß Richter und Schließer
Kommißköppe und Angehörige des Justizministeriums
nur Handlanger eines Systems sind, das dich über kurz oder lang kaputtmacht.

Rotes Liebeslied

Mit Mai und dicken Brüsten
lockt mich Marie zu Lüsten
ich ging, weil ich für Wärme
und auch für Dicke schwärme

mit ihr ins Ufergras
der Rhein floß dumpf und träge
wir wippten in der Schräge
und hatten unsren Spaß

Wir sind ins Gras gesunken
sie hat mich ausgetrunken
und so beim Niedersinken
begann der Rhein zu stinken

Refrain:
Ein kapitales Schwein
scheißt in den Vater Rhein
Chemie auf Uferwiesen
tut uns die Liebe vermiesen

Mein Schatz es stinkt auch balde
im schönen deutschen Walde
beim Regnen, mußt du wissen
tun nicht nur Englein pissen

Chemie tut sich auskotzen
der Stahl tut sich abrotzen
sie scheißen voll die Welt
und machen dickes Geld

Refrain:
Ein kapitales . . .

Marie tat weiterlieben
als sie es toll getrieben
seufzt sie in Liebesqual
Mir stinkt, verflucht,
schon lang das Kapital

Refrain:
Ein kapitales . . .

Text: Rother
Musik: Hucklenbruch

Christiane und Fredrik

24 und 30 Jahre alt, sind Studenten, die sich auch im Studium hauptsächlich mit der politischen Sozialisation von Schulkindern beschäftigen. Sie arbeiten eng mit Lehrern, die in ihrer Umgebung wohnen, zusammen. Es folgt die Gründung von Kindergruppen 1970. „In den Kindergruppen erste Erfahrungen mit eigenen künstlerisch didaktischen Mitteln — es entsteht das Puppenspiel: ‚Der große Herr Krötzkopp und die Kinder von Muckstadt' (Großgarage gegen Kinderspielplatz). Dann auch Verwendung von neuen Kinderliedern, angeregt durch ‚Baggerführer Willibald' von Süverkrüp". In den Liedern verarbeiten Christiane und Fredrik Erlebnisse und Erzählungen der Kinder. „Den Kindern gefielen die Lieder. Sie machten selbst Vorschläge, worüber wir ein neues Lied schreiben sollten . . . Es kamen Anfragen wegen der Liedertexte. Wir erfuhren, daß viele Lehrer, aber auch Schüler- und Kinderläden solche Lieder dringend brauchten." Außer den Kindern, sind alle diejenigen Zielgruppe von Christiane und Fredrik, die mit Kindererziehung zu tun haben. „So entstanden auch Kontakte zu Lehrern aus anderen Städten. Wir wurden in Schulklassen geholt und mußten dort die Lieder vortragen. Oft gabs Krach mit dem Rektor oder den Schulbehörden; Auftritte wurden mit offensichtlich vorgeschobenen Gründen untersagt. In den Schulen, in denen wir spielen durften, waren die Kinder meist von den Liedern begeistert."
Christiane und Fredrik berichten über die Reaktion von Kindern der ersten Schulklasse, die das Lied „Die Rote Rübe" hörten, folgendermaßen: „Die Kinder hören das Lied zum ersten Mal. Zwei Mädchen fangen an zu tanzen. Ein Junge steht auf, geht zum Lehrertisch und funktioniert ihn kurzerhand zur Rübe um. Während wir die andern Strophen singen, in denen immer mehr Kinder Paul helfen, die Rübe herauszuziehen, stehen in der Klasse andere Kinder auf und hängen sich hintereinander an den, der zuerst den Lehrertisch zu ziehen begonnen hatte. Als die Kinder genug sind, bewegt sich der Lehrertisch. Er wird quer durch die Klasse gezogen. Die übrigen Kinder waren auf ihren Sitzplätzen geblieben. Aber einige versuchten, auch hier das Gehörte in Handlung umzusetzen: Der schwitzende Paul wurde nachgemacht. Man wischte sich den imaginären Schweiß von der Stirn. Besonders beteiligt waren die Kinder in den Strophen, in denen die direkte Aktion der Kinder im Lied beschrieben wird. Sie ahmten die Ziehbewegungen gestisch nach, die im Lied beschrieben wurden."
Christiane und Fredrik sind in ihrer Arbeit angeregt worden durch Kinderlieder von Enzensberger, Rühmkopf, Brecht, Hacks, Pete Seeger und Süverkrüp.

Die Rübe

In der Ecke vom Garten hat der Paule sein Beet
und da hat er sich dieses Jahr Rüben gesät.
Und da, wo sonst Bohnen die Stangen hochklettern
wächst jetzt eine Rübe mit riesigen Blättern.

Paul staunt und er sagt sich: Ei, wenn ich nur wüßt,
wie groß und wie schwer diese Rübe wohl ist.
Schon krempelt er eilig die Ärmel sich hoch,
packt die Rübe beim Schopf und zog und zog.

Doch die Rübe, die rührt sich kein bißchen vom Fleck.
Paul zieht und Paul schwitzt, doch er kriegt sie nicht weg.
Da ruft der Paul seinen Freund den Fritz
und der kommt auch gleich um die Ecke geflitzt.

Jetzt ziehn sie zu zweit mit Hallo und Hauruck,
doch die Rübe bleibt drin, sie bewegt sich kein Stück.
Und Fritz der läuft los, holt vom Nachbarn den Klaus,
zu dritt kommt die Rübe ganz sicher heraus.

Der Paul zieht die Rübe und den Paul zieht der Fritz,
den Fritz zieht der Klaus, alle drei ham geschwitzt.
Die Rübe saß fest und da sagte der Klaus:
Ich hol meine Schwester, die ist grad zu Haus.

Jetzt ziehn sie zu viert, doch die Rübe bleibt drin.
Der Fritz meint schon traurig: S'hat doch keinen Sinn.

Ganz plötzlich ruft Paul: Hier, ich hab ne Idee,
wie wärs, wenn wir mal zum Antonio gehn?

Doch da meint der Klaus: Sowas bringt uns nicht weiter.
Das sind doch alles Kinder von so Gastarbeitern.
Mein Vater sagt immer, die verschwänden viel besser
und außerdem sind das Spaghettifresser.

Das ärgert den Paul, was der Klaus da so spricht:
Der Antonio ist kräftig und dumm ist der nicht.
Und außerdem Klaus hast du eins wohl vergessen,
Du hast dich an Spaghetti neulich fast überfressen;

Wir brauchen Antonio und auch seine Brüder.
Klaus Schwester verstehts und sie läuft schnell hinüber,
hat alle geholt und gemeinsam gings ran.
Alle Kinder zusammen, die packen jetzt an.

Der Paul zieht die Rübe und den Paul zieht der Klaus,
den Klaus seine Schwester, keiner hält sich da raus.
Der Fritz zieht Klaus Schwester und wie strengt er sich an,
hinter ihm zieht Antonio so fest wie er kann.

Den Antonio zieht der Carlo mit Hallo und Hauruck
und sieh da, die dicke Rübe, die bewegt sich ein Stück
und jetzt noch mal Hauruck und die Erde bricht auf.
Die Rübe kommt raus und liegt groß oben drauf.

Die Kinder, die purzeln jetzt all durcheinander,
doch freut sich ein jeder nun über den andern.
Sie sehn, wenn man sowas gemeinsam anpackt,
wird die allerdickste Rübe aus der Erde geschafft.

Muckstadtlied

Herr Krötzkopp wollte baun,
doch nur für sich allein,
damit sein Reichtum größer wird,
da fiel er aber rein,
da fiel er aber rein.

Die Großgarage war
geplant für sehr viel Geld.
Der Kinderspielplatz sollte weg,
denn Geld regiert die Welt,
denn Geld regiert die Welt.

Das ist doch unerhört,
ganz Muckstadt war empört.
Man hatte Wut und schimpfte laut.
Die Kinder hams gehört,
die Kinder hams gehört.

Die Kinder waren schlau.
Sie standen sehr früh auf
und setzten auf den Spielplatz schnell
sich eins ans andre drauf
sich eins ans andre drauf.

Die Bauleut kamen an
beim ersten Sonnenschein.
Sie sahen nur Kinder, keinen Platz,
da fuhrn sie wieder heim,
da fuhrn sie wieder heim.

Pu Pam und Pam Pu

Es war einmal ein Mann,
der hieß Pu Pam.
Pu Pam hieß er,
ein Pup ließ er.
Da kam die Polizei
und nahm ihn mit, au wei!

Der Richter sprach: Der Bösewicht
verstänkre unsre Umwelt nicht.
Er kommt jetzt rein ins finstre Loch,
sonst stinkt der Kerl auch morgen noch.
Wenns alle machten so wie er, gäbs bald
kein frisches Lüftchen mehr.
Denn vor des Magens Eigenschutz
kommt allemal der Umweltschutz!

Es war einmal ein Mann,
der hieß Pam Pu.
Der machte sein ganzes Leben lang Schmu.
Er hatte ne große Fabrik vor der Stadt
und hinter seiner Villa ein Luxusbad.
Doch die Abwässer von seiner Fabrik,
die flossen stinkend zum Fluß zurück.

Dem Bürgermeister war das nicht geheuer,
doch dachte er an die Gewerbesteuer,
die die Fabrik der Gemeinde brachte
Pam Pu saß in seiner Villa und lachte
und sagte: So schnell mach ich keinen Stuß.
Mein Geld das stinkt nicht,
allerhöchstens der Fluß.

Facit:
Den ersten schmissen sie ins Loch.
Der zweite, der stinkt heute noch.

Hänschen in der Schule

Hänschen klein, armes Schwein,
mußt heut in die Schule rein.
Siehste wohl Lehrer Kohl
fühlt sich auch nicht wohl.

Vierzig Kinder in der Bank
dicht im Bohnerwachsgestank.
Mittenmang, Gottseidank,
fängt die Stunde an.

Plötzlich, ach, ein Riesenkrach
und ein fürchterlicher Schlag:
Sieh mal, Liese, in der Wiese
steckt ein Starfighter.

Hänschen ist noch angst und bang,
doch er fängt zu fragen an:
S raucht und stinkt, Unheil bringts,
wieviel kost son Ding.

Lehrer Kohl die Antwort sagt:
Was da aus der Wiese ragt,
für den Preis von som Scheiß
könnte man vier Schulen baun.

Helle Räume, kleine Klassen,
Mensch, das wäre kaum zu fassen.
Wär das so, wär ich froh
wie der Mops im Paletot.

Denn in der Rüstung sind sie fix
und für die Bildung tun sie nix.
Wenn sies tun, bitteschön,
wolln sie mehr Moneten sehn.

Doch da kommt der Schulrat grad,
hat gehört, was Kohl da sagt
und er ruft und flucht:
Halt, jetzt ists genug.

Wenn sie so was noch mal sagen,
geht es ihnen an den Kragen.
Wer hier hetzt, wird versetzt
in das letzte Nest.

Doch die Kinder, siehste wohl,
stelln sich vor den bleichen Kohl.
Schulrat nun steht davor wie
der Ochs vorm Scheunentor.

Denn da kann er gar nichts machen,
wütend packt er seine Sachen,
hat gemurrt und hat gestampft
und ist wütend abgedampft.

Joan und José

Geboren in Spanien. Beide kamen 1960 zum Studium (Romanistik bzw. Musik) in die BRD. Sie leben und arbeiten in Heidelberg.

Seit 1965 singen sie in Ostermarsch- und Gewerkschaftsveranstaltungen und vor spanischen Basis-Organisationen in der BRD. Freiheitslieder gegen das Franco-Regime, gegen Ausbeutung und Unterdrückung vor allem der spanischen Arbeiter und Bauern.
Ihre musikalischen Vorbilder sind die spanischen Volkslieder und die französischen Chansons.
Instrumente: Gitarren

Auf die Straße! / A la calle!

2. Strophe

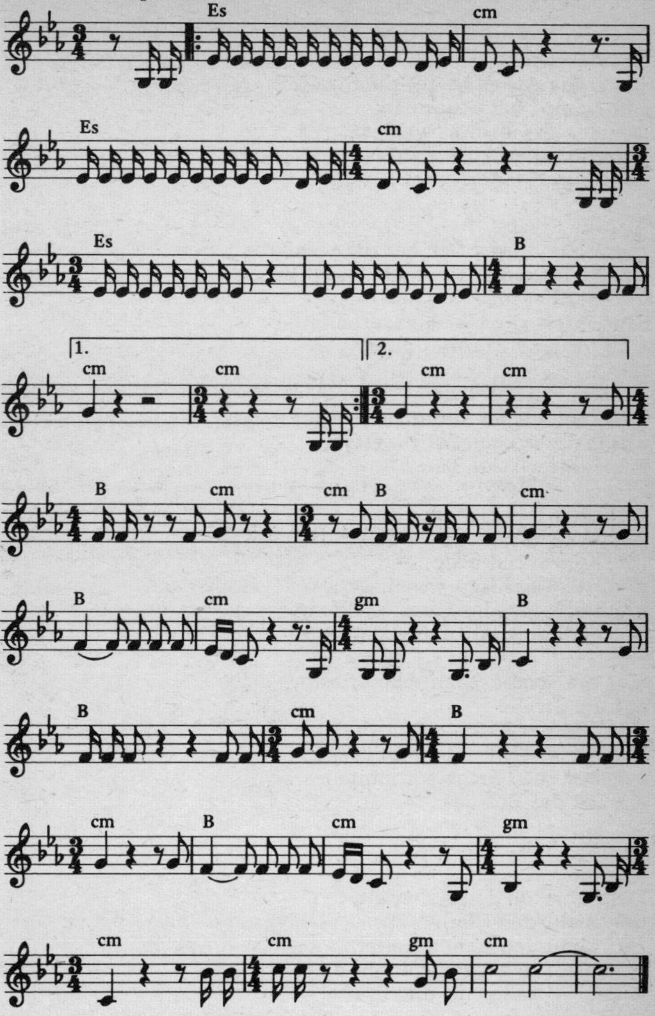
Es cm
Es cm
Es B
1. cm cm
2. cm cm
B cm cm B cm
B cm gm B
B cm B
cm B cm gm
cm cm gm cm

Auf die Straße!

Auf die Straße,
spanische Arbeiter, auf die Straße!
Der Kampf hat begonnen,
und der Faschismus weiß das.
Arbeiter, die Fabriken waren
immer in Händen eurer Chefs.

Auf die Straße,
spanische Studenten, auf die Straße!
Die Zeit dieser Universität ist vorbei,
und der Faschismus weiß das.
Studenten, die Hörsäle waren immer
ein Ort der Bevormundung.

Dreißig Jahre Frieden
waren nichts als Unterdrückung;
machen wir keine Worte mehr,
schreiten wir zur Tat.

Auf die Straße, spanische
Landarbeiter, auf die Straße!
Der Kampf hat begonnen,
und der Faschismus weiß das.
Landarbeiter, das Land war immer
in Händen der Großgrundbesitzer.

Auf die Straße, spanische Priester,
auf die Straße!
Die Zeit der Kirche ist vorbei,
und der Faschismus weiß das.
Priester, die Kirche war immer
ein Ort des Betrugs.

Dreißig Jahre Frieden . . .

Die Fabriken den Arbeitern
und nicht den Chefs!
Das Land den Landarbeitern
und nicht den Großgrundbesitzern!
Auf die Straße; auf die Straße!

A la calle!

Obreros españoles a la calle,
a la calle,
la lucha ha empezado
y el fascismo lo sabe.
Obreros que las fábricas,
siempre han sido del patrón.

Estudiantes españoles a la calle,
a la calle,
la universidad ha terminado
y el fascismo lo sabe.
Estudiantes que las aulas,
siempre han sido represión.

30 años de paz
han sido solo opresión,
matemos las palabras,
pasemos a la acción.

Campesinos españoles a la calle,
a la calle,
la lucha ha empezado
y el fascismo lo sabe.
Campesinos que los campos
siempre han sido del señor.

Sacerdotes españoles a la calle,
a la calle,
la iglesia ha terminado
y el fascismo lo sabe.
Sacerdotes que la iglesia
siempre ha sido perversion.

30 años de paz . . .

La fábrica al obrero y no al patrón,
el campo al campesino y no al señor.
A la calle, a la calle.

Auf zum Streik!

Zum Streik zehn,
zum Streik hundert,
zum Streik, Mutter,
geh ich auch.
Zum Streik hundert,
zum Streik tausend,
ich für die andern, Mutter,
und die andern für mich.

Auf zum Streik, Genossen,
geht nicht zur Arbeit.
Laßt das Werkzeug liegen,
die Stunde des Kampfes ist da.

Zum Streik zehn . . .

Gegen die Regierung des Hungers
erheben wir uns,
alle Arbeiter,
Schulter an Schulter für Brot.

Zum Streik zehn . . .

Von der Grube und vom Acker
von der Drehbank und vom Webstuhl
geht das Volk
zum Generalstreik.

Zum Streik zehn . . .

Alle Völker der Welt
reichen uns die Hand,
um Spanien die verlorene Freiheit
zurückzugeben.

Zum Streik zehn . . .

Text und Musik: anonym

Auf dem Marktplatz meines Dorfes

Auf dem Marktplatz meines Dorfes
sagte ein Tagelöhner zu seinem Herrn:
unsere Kinder werden schon
mit der geballten Faust geboren.

Dieses Land, das nicht mir gehört,
dieses Land, das meinem Herrn gehört,
dieses Land tränke ich mit meinem
Schweiß,
dieses Land bearbeite ich
mit meinen Händen.

Wenn wir beim Sonnenaufgang
an die Arbeit gehen,
denken wir auch schon
an Revolution auf dem Land.

Mit meinem Pflug öffne ich die Furchen,
mit meinem Pflug schreibe ich
Zeile um Zeile die Worte in die Erde
vom Elend und vom Leid.

Meine Stimme soll in die Berge steigen,
meine Stimme soll
in die Schluchten dringen,
alle Tagelöhner sollen
von dem Land Besitz ergreifen.

Text: anonym
Musik: nach einem spanischen Volkslied

An die Freundin, die Genossin

Eines Tages bist du aufgebrochen,
als in meinem Land die Arbeiter
auf die Straße gingen,
um zu fordern, was ihnen gehört.

Du gingst mit ihnen,
du hast von ihnen gelernt,
und so begann dein Leben,
Frau, mit dem Volk.

Ich habe dich zur Frau gemacht;
ich habe dich zur Frau gemacht
im Kampf.

Ich erinnere mich an die Lieder,
die Straßen, den Augenblick,
an deinen Körper, die Worte,
an dich.

An die Angst, die Fragen,
deine Augen, an uns beide,
an den Schmerz, der Freude ist,
an dich.

Ich habe dich zur Frau gemacht.

Ich weiß,
du wirst für immer bei mir sein,
wenn in meinem Land die Arbeiter
auf die Straße gehen,
wenn sie besitzen werden,
was ihnen gehört:

Die Fabriken,
das Land und die Schulen,
die Macht über Kasernen und Kirchen,
und so werden wir zusammen gehen,
um zu verteidigen, was uns gehört.

Frau im Kampf;
Frau im Kampf;
In der Liebe zwischen uns.

Ich erinnere mich an unsere Treffen,
sehr wenige, an die Ungewißheit,
an die Briefe, die Grenze,
an dich.

Und ich weiß, wenn wir frei sind,
werden wir ein neues Leben schaffen —
Liebe, Liebe zum Volk,
zu dir.

Frau im Kampf.

Ich bin mit dir;
du bist mit mir;
du und ich mit dem Volk.

A la amiga, la compañera

Te marchaste un día,
cuando en mi pueblo el obrero
salía a la calle,
a exigir lo que es suyo.
Tu saliste con ellos,
tu has aprendido de ellos,
y así empezó tu vida,
mujer, con el pueblo.

Te hice mujer.
Te hice mujer
en la lucha.

Recuerdo las canciones,
las calles, el momento,
tu cuerpo, las palabras.
Tu.

El miedo, las preguntas,
tus ojos, los dos cuerpos,
dolor que es alegría.
Tu.

Te hice mujer.

Se que volverás para siempre,
cuando en mi pueblo el obrero
saldrá a la calle,
cuando tendrá lo que es suyo.

Las fábricas, el campo y escuelas,
gobierno, cuarteles e iglesias,
y así los dos juntos iremos,
a defender lo que es nuestro.

Mujer en la lucha.
Mujer en la lucha;
amor en los cuerpos.

Recuerdo dos encuentros,
muy pocos, los silencios,
las cartas, la frontera.
Tu.

Y pienso cuando libres,
creemos nuevas vidas,
amor, amor del pueblo.
Tu.

Mujer en la lucha.

Estoy contigo.
Estás conmigo.
Tu y yo con el pueblo.

Was tun wir Freunde?

Was tun wir, Freunde?
Wir reden viel, aber was sonst?
Seht ihr denn nicht, daß die Welt uns gehört, ganz?
Sehr ihr nicht, daß wir mutlos leben, wie die Alten?
Sehr ihr nicht, daß die Zeit in unseren Händen stirbt?

Was tut ihr, ihr Armen,
ganz umgeben von Elend?
Meint ihr denn, daß Gott will, daß ihr arm seid?
Und glaubt ihr noch den Worten der Reichen?
Und glaubt ihr, daß euer Brot das Brot der anderen sein muß?

Was tut ihr, ihr Reichen,
vom Geld verroht?
Seht ihr denn nicht, daß es Millionen von Hungrigen gibt?
Seht ihr denn nicht, daß der Hunger für viele der Tod ist?
Seht ihr nicht, daß dieser Tod vielleicht euer Tod ist?

Was tut ihr,
Ihr unterdrückten, erschöpften Arbeiter?
Erkennt ihr denn nicht, daß eure Arbeit Profit für
wenige ist?
Erkennt ihr nicht, daß eure Hände verdammte Hände sind?
Erkennt ihr nicht, daß euer Leben ein Sklavenleben ist?

Was tut ihr, Ihr Herren,
die ihr nur an euch denkt?
Seht ihr denn nicht, daß ihr alles haben wollt?
Seht ihr nicht, daß ihr versucht, den Arbeiter zu
unterjochen?
Seht ihr nicht, daß viele Menschen sich nicht
kaufen lassen?

Què és el que fem, amics?

Què és el que fem, amics?
Parlem molt, peró res més.
No veieu que el món és nostre, tot sencer?
No veieu que vivim resignats com els vells?
No veieu que el temps mor a les nostres mans?

Què és el que feu, pobres,
tots voltats de misèria?
Creieu que ser pobres ès per voluntat de Déu?
I creieu encara en les paraules dels rics?
I creieu que el pa vostre ha de ser pa dels altres?

Què és el que feu, rics,
embrutats de diners?
No veieu que al món hi ha milions d'afamats?
No veieu que la fam és la mort per a molts?
No veieu que esta mort és també la mort vostra?

Què és el que feu, obrers,
oprimits, treballats?
No cregueu que el treball vostre és profit per a pocs!
No cregueu que les mans vostres són mans condemnades!
No cregueu que la vostra vida és vida d'esclaus!

Qué ès el que feu, patrons,
pensant sols en vosaltres?
No veieu l'ambició que teniu per a tot?
No veieu que intenteu subornar l'obrer?
No veieu que a molts homes no se'ls pot comprar?

Wir werden siegen

Heute, da ich mich niedergeschlagen fühle,
heute, da mir die Kräfte fehlen,
scheint mir der Gesang schöner,
sehr, sehr fern sehe ich die Tränen.

Heute, da Kämpfen Verlieren zu sein scheint,
heute, da man den Schrei erstickt,
scheint mir das Siegen sicherer,
sehr, sehr fern sehe ich den Tod.

Ich weiß, daß wir siegen werden,
ihr wißt, daß wir siegen werden.
Einerlei wieviele Jahre wir brauchen,
wir werden kämpfen, ja, wir werden kämpfen.

Heute, da Liebe nur gekauft werden kann,
heute, da man sich so wenig achtet,
scheinen mir die Umarmungen stärker,
sehr, sehr fern sehe ich den Haß.

Heute, da Soldaten Christi den Frieden
mit Füßen treten,
heute, da die Gefängnisse besetzt sind,
scheint mir das Morgen friedlicher,
sehe ich die Gitter sehr, sehr fern.

Ich weiß . . .

Joan, José

Guanyarem

Avui, que em sento acabat,
avui que em fallen les forces
veig el cant més bonic,
molt més lluny veig el plor.

Avui que lluitar pareix perdre,
avui que el crit és ofegat
veig el guanyar més segur,
molt més lluny veig la mort.

Sé que guanyarem.
Sabeu que guanyarem.
Els anys que falten no importa,
lluitarem, sí, lluitarem.

Avui que l'amor sols se'l compra,
avui que s'estima tan poc
veig l'abraçada més forta
molt més lluny veig el rancor.

Avui que trepitgen la pau
uns nomenats soldats de Crist,
avui que les presons estan plenes
veig el demá mes pacífic,
veig les reixes molt més lluny.

Sé que . . .

Joan, José

Werkkreis Literatur der Arbeitswelt

Seit dem März 1970 gibt es den Werkkreis. Die Wiederaufnahme bewußt geführter Klassenkämpfe (Septemberstreiks 1969) und die damit in Verbindung zu bringende radikaler werdende theoretische Diskussion und schreiberische Praxis in der Gruppe 61 waren Bedingungen seiner Entstehung. Das Programm des Werkkreises gibt sein Selbstverständnis an: „Der Werkkreis Literatur der Arbeitswelt ist eine Vereinigung von Arbeitern und Angestellten, die in örtlichen Werkstätten mit Schriftstellern, Journalisten und Wissenschaftlern zusammenarbeiten. Seine Aufgabe ist die Darstellung der Situation abhängig Arbeitender, vornehmlich mit sprachlichen Mitteln ... Er will dazu beitragen, die gesellschaftlichen Verhältnisse im Interesse der Arbeitenden zu verändern ... Der Werkkreis hält eine entsprechende Zusammenarbeit mit den Gewerkschaften ... für notwendig ... Gesellschaftskritische, sozial verbindliche Literatur wird hergestellt, diskutiert und veröffentlicht ... Alle erprobten und neuen Formen realistischer Gestaltung werden benutzt. (Der Werkkreis) arbeitet an der Beseitigung der Kultur- und Bildungsprivilegien."
Gegenwärtig verfügt der Werkkreis über 25 Werkstätten in der BRD, dazu kommen 3 Grafikwerkstätten und eine Werkstatt in der Schweiz (Zürich).
In der kurzen Zeit seines Bestehens hat der Werkkreis etwa 2 Dutzend Sammelveröffentlichungen seiner Autoren oder Werkstätten neben einer nicht gezählten Anzahl von Einzelveröffentlichungen (mehr als 200) seiner Autoren produziert.
Texte von Werkkreisautoren sind von verschiedenen Songgruppen vertont worden, so von den Conrads, der Bonner Singegruppe, Kattong und anderen.

Klassenkampf

Die IG Bergbau
hat den Klassenfeind besiegt

Mit vielen tausend Mark Monatsgehalt
sitzen auf den verbliebenen
rund fünfzig Schachtanlagen
an der Ruhr und ihren dreißig
Kokereien ebenso viele
ehemalige Gewerkschaftskollegen
als Personal- und Sozialdirektoren
in den weichen Polstersesseln der AG

Das neue Betriebsverfassungsgesetz
mit seiner ersten Betriebsratswahl
hat jäh den Status der Kollegen
aller Welt offenbar gemacht
Die Herren gelten eindeutig
als Arbeitgeber

Die IG Bergbau
hat den Klassenfeind besiegt

Betriebskassierung

Was waren das noch Zeiten
als der Franz die Gewerkschaftsbeiträge
kassieren kam

Ne Pulle Bier und auch zwei standen immer
im Kühlschrank für ihn bereit
zu jedem Monatsende

Ich trank natürlich Klaren
weil ich ja überhaupt
für scharfe Sachen bin

Da saßen wir dann zusammen
und haben große Politik gemacht
von der Mitbestimmung und Vietnam und so

Natürlich auch von der ewigen Kohlenkrise
und was die Schweine da
mit dem Kumpel machen

Und da holten wir sie uns alle
mit an unsern Tisch
den dicken Erhard und unsern Boß den Walter

Und wir haben Tacheles
mit den Brüdern geredet Deutsch gesprochen
Was waren das für Zeiten

Ja und dann kam ja die Betriebskassierung
wo der Gewerkschaftsbeitrag
unter der Kirchensteuer steht

Aber der Franz der kam nicht mehr
Glaubst du daß ich noch einen von den Brüdern
die das heute machen kenne

Sie und die ganze Gewerkschaft die stehen doch
heute nur noch auf dem Papier das heißt
bei meinen Knappschaftsaugen sind die ganz weit weg

Neh Kinder so könnt ihr das nicht machen
wir sind doch keine Sterbekasse und mit
Hauspostillen und meinem Lohnstreifen da diskutier ich nicht

Bänkelsong vom kleinen Mann

Haste gleich von vornherein
dir auf der geteilten Welt
einen Vater ausgesucht
ohne Titel ohne Geld
    bleibt dein Leben — ohne Glück —
    ein ganz mieses Trauerstück

Haste deine Lehre aus
Schwarz auf Weiß du bist Geselle
tritt die ganze Branche dann
unbeschäftigt auf der Stelle
    Wirtschaftskrise und so weiter
    Herr Gelegenheitsarbeiter

Haste mal nen guten Job
so mit weißem Kittel
spielt der Prokurist verrückt
fort der Kerl und weg die Mittel
    sitzt du wieder jahrelang
    auf Proletenwartebank

Haste deinen Lottoschein
diesmal richtig ausgefüllt
du vergleichst genau die Zahlen
weil die Durchschrift leicht verknüllt
    hat die Frau was nicht zu fassen
    ihn zu Hause liegen lassen

Haste mal ein klein Vermögen
auf nem stillen Kontolein
stetig tropfen deine Zinsen
Sicherheit kehrt bei dir ein
    kommt ne neue Inflation
    und dein Konto schwimmt davon

Haste deine Blagen groß
denkst vorbei die Not
fährt der Ältste seine Frau
und sich selber tot
    fragste dich am tiefen Loch
    Gott was soll ich Esel noch

Haste an die vierzig Jahr
deiner Zeche brav gedient
und dein Rentenantrag läuft
und die Wartezeit verrinnt
    kippste plötzlich lautlos um
    Herzinfarkt und du bist stumm

Drum Proleten laßt euch sagen
nachgedacht und aufgewacht
ihr könnt alles besser machen
wenn ihr es gerechter macht
    Und die Räder drehn sich dann
    für uns alle kleiner Mann

Texte: Josef Büscher
1918 in Oberhausen-Sterkrade geboren. Arbeitet im Steinkohlenbergbau. Viele Veröffentlichungen. Gründungsmitglied der Gruppe 61; Mitglied des Werkkreises Literatur der Arbeitswelt.

Lied einer Arbeitsordnung

verboten ist
das fotografieren
den platz zu verlassen
mit mädchen poussieren
laut zu reden
leise zu reden
das rauchen das trinken
nach schweiß zu stinken

verboten ist
das protestieren
politik zu betreiben
das kritisieren
laut zu husten
leise zu singen
das denken das fragen
sich zu beklagen

verboten ist
das experimentieren
den kumpel zu grüßen
das telefonieren
schnell zu gehen
langsam zu gehen
das lieben das hassen
unter röcke fassen

verboten ist
einen namen zu führen
ohne nummer zu laufen
sich nackt zu genieren
die uhr zu nennen
karl marx zu kennen
das kranksein das essen
etwas vergessen

verboten ist
sich zu organisieren
auf der toilette sitzen
das onanieren
zu spät zu kommen
zu früh zu gehen
das lesen das schreiben
späßchen zu treiben

erlaubt ist
nach oben zu schmieren
das haupt gebeugt zu tragen
den stolz zu verlieren
zu früh zu kommen
zu spät zu gehen
das ducken das kriechen
vor der rente versiechen

erlaubt ist
das arbeiten

Musik: Arnim Kammrad

Text: Horst Kammrad
1927 geboren. Beruf: Autoschlosser. Betriebsrat eines Westberliner Chemiewerkes. Mitglied des Werkkreises.

Fließband

Fließbandarbeit ist das Wahre
denn das Fließband fließt und fließt
von der Nachbarin die Haare
könnte sein, daß du sie siehst
aber sieh nicht gar so oft hin
denn sonst sieht's vielleicht der Boß
und du bist am nächsten Ersten
deinen Platz am Fließband los

Grad' im Zustand der Erregung
sollst du Fließbandarbeit tun
denn beharrliche Bewegung
ist genau so gut wie ruh'n
darum rege dich ekstatisch
denn dann sieht's vielleicht der Boß
und du bist am nächsten Ersten
deinen Arbeitsplatz nicht los

Gebete des Sozialpartners

Abendgebet

Und wieder geht ein Arbeitstag zu Ende
und wieder falt ich meine müden Hände:
Entzieh mir, Boß, nicht deine Güte,
tu auch am nächsten Lohntag etwas in die Tüte;
entlaß mich nicht aus deiner Gnade!
Es wär um uns zwei Partner schade.

Morgengebet

Ich bin so quietschvergnügt erschreckt,
weil pünktlich stets mein Wecker weckt.
Nun eil ich mit dem Stullenstoß
in deine heiligen Hallen, Boß,
denn Arbeit macht den Menschen frei.
Drum schufte ich auch stets für zwei!

Abendgebet

Ich bin so müde, Boß, verzeih,
malocht hab ich auch heut für zwei.
Wo warst du, Partner, als ich rief —
der Schweiß mir in die Kimme lief?
Du hast den besseren Part erwählt.
Doch Muskelarbeit — Freundchen — stählt!

Morgenandacht

Ich hab die ganze Nacht gewacht
und gründlich hab ich nachgedacht,
die Muskeln im Gehirn betätigt,
die endlich, endlich mir bestätigt:
Du streichelst, Chef, nur deinen Bauch,
den wir dir füllten, ja, ich auch.

Litanei im Betrieb

Siehst, Kumpel, deine Schwielen nicht
und wie so grau du im Gesicht?
Siehst nicht, wie sich dein Partner schont,
dir deinen krummen Rücken lohnt?
Den größten Teil steckt er sich ein
und nennt dich Partner dann zum Schein!

Stoßgebet (an die Kollegen)

Kollege laß das Werkstück liegen;
trainier die steifgewordene Hand,
bis sich die krummen Finger biegen;
gebrauche Hände und Verstand!
Die Hand trainier, bis mit der Faust
du auf die grünen Tische haust!

Texte: Regina Korn
Geboren 1927. Arbeitete als Hausgehilfin und verdient ihr Geld heute als Arbeiterin in verschiedenen Betrieben. Lebt in Oer-Erkenschwick. Mitglied des Werkkreises.

Veränderbar

Den Proletarier
den gibt's nicht mehr.
Wo ist er geblieben?
Man hat ihn umgeschrieben
und nannte ihn den Arbeiter.

Den Arbeiter
den gibt's nicht mehr.
Hat man ihn verbannt?
Man hat ihn umbenannt
jetzt heißt er Arbeitnehmer.

Den Arbeitnehmer
gibt es noch!
Denn einer muß ja schaffen
doch wenn der sich Bewußtsein schafft,
dann wird er sich ein' eigenen Namen machen.

Text: Werner Krüger
geb. 1922, Monteur, Mitglied des Werkkreises, lebt in Wanne-Eickel.

Die Stadt das Werk der Boß und ich

Der Boß der durch mich Werte schafft
der liefert mir die Brötchen
ich biete meine Arbeitskraft
und gebe auch noch Pfötchen

Der Boß der viele Häuser hat
gibt mir in seiner Güte
ein Domizil in dieser Stadt
am Lohntag fehlt die Miete

Der Boß ist fit gesund und stark
die Hochseeyacht war teuer
ich gondle sonntags für ne Mark
auf einem Entenweiher

Der Boß ist freundlich denn er schickt
im Winter Südseegrüße
wenn meine Frau durchs Fenster blickt
bekommt sie kalte Füße

Der Boß ein rechter Nimmersatt
hat ein Castle in Bayern
der pfeift auf diese große Stadt
kann auswärts Feste feiern

Hier ist was faul in dieser Stadt
im Bund und in den Ländern
und wer das mal gefressen hat
wird aktiv um zu ändern

Die armen Reichen

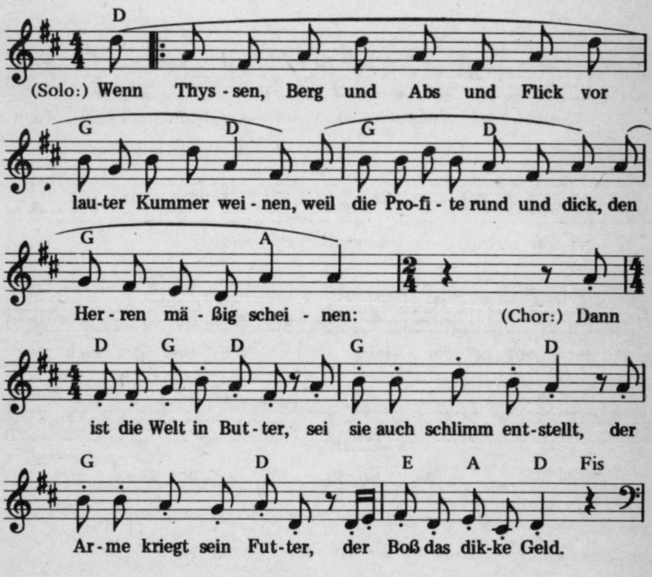

h
(Solo:) Wenn Ar - bei - ter für Recht und Lohn zur
Cis Fis h
Mai - kund - ge - bung gehn, dann
d
g
jaul'n die Herrn im Jam - mer - ton: Da
g A
muß doch was ge - schehn. (Chor:) Die
d g d d
Lin-ken wolln uns scheu - chen. Sie set - zen sich zur Wehr. Wir
g d e A d
ar - men, ar-men Rei-chen. Ein star - ker Mann muß her! Wenn
Schluß
A - ber wir sind jetzt wei-ter und
ler - nen zu ver - stehn. Wir wer - den auch ge -
schei-ter, das Ka - pi - tal kann gehn!

Wenn Thyssen, Berg wenn Abs und Flick
vor lauter Kummer weinen
weil die Profite rund und dick
den Herren mäßig scheinen:

> Dann ist die Welt in Butter,
> sei sie auch schlimm entstellt —
> Der Arme kriegt sein Futter,
> der Boß das dicke Geld!

Wenn Arbeiter für Recht und Lohn
zur Maikundgebung gehn
dann jaulen die Herrn im Jammerton:
Da muß doch was geschehn.

> Die Linken wolln uns scheuchen.
> Sie setzen sich zur Wehr.
> Wir armen armen Reichen.
> Ein starker Mann muß her!

Wenn der Finck und seine Gang
am Waldrand Zäune bauen,
wenn sie uns das Naturgeschenk,
die letzte Frischluft klauen —

> Dann ist die Welt in Butter,
> sei sie auch arg entstellt —
> Der Arme kriegt sein Futter,
> der Boß das dicke Geld.

Wenn Mutter, Vater und der Sohn
auch auf dem Wald bestehn,
dann schrein die Herrn im Jammerton:
Da muß doch was geschehn.

> Die Linken wolln uns scheuchen.
> Sie setzen sich zur Wehr.
> Wir armen armen Reichen,
> Franz Josef Strauß muß her!

Wenn Löwenthal, Springer und Frey
vor roten Teufeln warnen
und mit Weltuntergangsgeschrei
nur die Profite tarnen —

> Dann ist die Welt in Butter,
> sei sie auch arg entstellt —
> Der Arme kriegt sein Futter,
> der Boß das dicke Geld.

Wenn Arbeiter dem Quatsch zum Hohn
mal auf die Straße gehn,
dann drohn die Herrn im Herrenton:
Jetzt wird bald was geschehn!

Aber wir sind jetzt weiter
und lernen zu verstehn.
Wir werden auch gescheiter —
Das Kapital kann gehn!

Musik: Luca Lombardi

Texte: Richard Limpert
1922 in Gelsenkirchen geboren. Lehre zum Sattler. Soldat. Sowjetische Kriegsgefangenschaft von 1944—1949. Zechenmaschinist in Gelsenkirchen. Betriebsrat und Bildungsobmann der IG Bergbau und Energie. Mitarbeiter des Werkkreises.

Aufsatz über den Frühling

Ich muß für morgen einen Aufsatz schreiben
wenn ich nichts weiß gibts wieder eine Vier
der Lehrer sagt dann werd ich sitzen-bleiben
mir fällt nichts ein vom Frühling im Revier

es gibt in unserm Viertel wo wir wohnen
nicht eine Blume — überhaupt kein Grün
ich weiß nicht wo die bunten Anemonen
und wann die ersten Löwenzähne blühn

ich sah noch nie ein Vogelpärchen nisten
hier wächst kein Baum auf den man klettern kann
frag ich den Vater sagt er ja wir müßten
mal wieder raus ins Grüne — aber wann

er macht ja immer so viel Überstunden
da hat er für den Frühling keine Zeit
am Wochenende tapeziert er Kunden
die Wohnung bunt das nennt man Schwarzarbeit

von Mutter kann ich auch nicht viel erfahren
vom Frühling — doch sie sagt dann schreib mal hin
er hilft die Licht- und Heizungskosten sparen
mehr ist nicht drin

Verlustanzeige

Ich habe meinen Schweinehund verloren
das darf nicht sein er ist ein Stück von mir
wir waren aufeinander eingeschworen
so treu wie Gold so kostbar war das Tier

Ich suchte ihn im Bett im Vorstandszimmer
im Club im Beichtstuhl bei der Polizei
die findet kleine Schweinehunde immer
mein großer war natürlich nicht dabei

Da hilft mir ja auch keine Suchanzeige
mein Schweinehund ist eine heilge Kuh
am besten wenn ich den Verlust verschweige
sonst traut mir keiner mehr Erfolge zu

Schon sind mir die Kredite eingefroren
und ohne ihn ist der Profit begrenzt
ach hätt ich lieber den Verstand verloren
ich bin nur noch mein eigenes Gespenst

Den Freunden kann ich nicht mehr imponieren
seitdem mein Schweinehund nicht Pfötchen gibt
auch die Partei will mich schon ausrangieren
mein Schweinehund war überall beliebt

Mein Einfluß schwindet — einer nach dem andern
stößt sich auf meine Kosten jetzt gesund
mir bleibt kein Ausweg mehr als auszuwandern
ich bin kein Mensch mehr ohne Schweinehund

Latrinen-Song

In Schweinfurt gibt es eine Uhr
nicht nur für den Akkord
am Arbeitsplatz — nein auch im Flur
zum Arbeiterabort
    ne Stoppuhr wie beim Sport

Die Stechuhr prägt der Notdurft ein
nach fünf Minuten Frist
muß das Geschäft erledigt sein
weil das die Vorschrift ist
    damit mans nicht vergißt

Wenn einer aber länger braucht
weil er nicht anders kann
die Hände wäscht ne Kippe raucht
die Stoppuhr zeigt ihn an
    den renitenten Mann

Dann braucht er zur Entschuldigung
ein ärztliches Attest
das die Befehlsverweigerung
bei Krankheit gelten läßt
    der Amtsarzt stellt das fest

Doch stellt sich raus er ist gesund
dann ist es bald soweit
dann nennt sich der Entlassungsgrund
Mißbrauch der Arbeitszeit
    laut ärztlichem Bescheid

Der kontrollierte Zeitverbrauch
führt wieder auf die Spur
das gab es doch in Dachau auch
nur ohne Stempeluhr
    hier läuft die Zeit retour

Musik: Werner Rewen

Bewerbung

Die Firma braucht
den lückenlosen Lebenslauf
handschriftlich für den Graphologen
ein neues Foto
Zeugnisse
wenn möglich zu ergänzen
durch Referenzen
dann ist der Fragebogen auszufüllen
ob ich zur Zeit ein Kind erwarte:
Nein
ob meine häuslichen und familiären
Verhältnisse in Ordnung wären:
Ja
dann werde ich zur Musterung bestellt
tauglich befunden
und das Urteil fällt:
Betriebsangehörig
auf Bewährungsfrist
als Arbeitskraft
solange meine Arbeit sich lohnt
und soweit meine Kraft reicht

Texte: Liselotte Rauner
1920 in Bernburg/Saale geboren. Seit 1948 Schriftstellerin. Verschiedene Veröffentlichungen (Lyrik). Mitglied des Werkkreises.

Krankenklassen

Mit dem Eimer in der Hand
putze ich durchs Wunderland
der verschiednen Krankenklassen.
Mit dem Lappen, mit dem nassen
wisch ich über Nachttischschränke,
Privat- und Kassenfensterbänke.

Im privaten Einbettzimmer
laut Professor — höflich immer.
Hinten kommt es nicht drauf an:

dort befinden sich vier Mann,
schlechte Luft und wenig Kohlen,
für'n Professor nichts zu holen.

I. Klasse wird serviert
gutes Essen, hübsch garniert.
Klasse III — pro Mann ein Teller
alles drauf — bequem und schneller.
Erster Klasse kriegt mehr Fleisch,
selbst die Suppe ist nicht gleich.

Bei Privaten — Chefvisite,
bei den Kassen — Stipvisite.
Einmal ist es nur die Pflicht,
einmal auch noch Geld in Sicht.
Der Private zahlt pro Gruß
vom Professor reichlich Mus.

„Die Behandlung", sagt man zwar,
„ist hier gleich!" Das ist nicht wahr.
Bei Privaten macht man nie
vage Forschungstherapie!
Als Versuchsobjekt zieht man
nur die dritte Klasse ran!

Wenn der Laden mir mal stinkt,
weil das Wort sozial hier hinkt,
träum ich von dem bessren Leben,
klassenlos, wie wir's anstreben;
wo es Gleichheit geben wird:
Doppelzimmer — nicht zu viert.

Doch was nützt's, davon zu träumen,
das wird nicht das Alte räumen.
Mit dem Eimer in der Hand
putz ich noch durchs Wunderland.

Doch ich stehe nicht allein:
Andre haben's auch gern rein;
Morgen wischen wir den Dreck
Klassenunterschiede weg;
aber nicht mit nassem Lappen,
einig nur kann sowas klappen.

Text: Brigitte Seifer
Krankenschwesternschülerin. Mitglied des Werkkreises, lebt in Bonn.

Bedenkt: Der Klassenfeind schläft nie!

In schwachen Stunden den Kopf hängen lassen:
das könnte den Kopfjägern so passen!
Beßres kann ihnen doch nicht passieren,
als daß wir selber den Kopf verlieren!

Genossen, bei aller Theorie
bedenkt: der Klassenfeind schläft nie!

Sie sehen doch zu gern, daß wir beizeiten
uns über Weg und Ziel zerstreiten!
Sie brauchen, um den Fortschritt aufzuhalten,
uns dann nur noch aufzuspalten!

Genossen, bei aller Theorie
bedenkt: der Klassenfeind schläft nie!

Schnell schwindet die Hoffnung auf das Morgen,
wenn wir jetzt ihre Geschäfte besorgen!
Wie denn sollte das Werk gelingen,
wenn wir uns selber um die Chance bringen!

Genossen, bei aller Theorie
bedenkt: der Klassenfeind schläft nie!

Statt ewig zu streiten, erkennt, eh's zu spät ist,
was hierzulande Realität ist:
Sie werden, wenn wir nicht den Streit begraben,
uns morgen schon erledigt haben!

Genossen, bei aller Theorie
bedenkt: der Klassenfeind schläft nie!

Text: Peter Schütt
Geboren 1939. Studierte Geschichte und Germanistik. War zwei Jahre lang Universitätsassistent. Jetzt Schriftsteller in Hamburg, Mitglied des Werkkreises.

Historische Lieder

Die Internationale

1.
Wacht auf, Verdammte dieser Erde,
die stets man noch zum Hungern zwingt!
Das Recht wie Glut im Kraterherde
nun mit Macht zum Durchbruch dringt
Reinen Tisch macht mit den Bedrängern!
Heer der Sklaven, wache auf!
Ein Nichts zu sein, tragt es nicht länger,
alles zu werden, strömt zuhauf!
Völker, hört die Signale!
Auf, zum letzten Gefecht!
Die Internationale
erkämpft das Menschenrecht!

2.
Es rettet uns kein höh'res Wesen,
kein Gott, kein Kaiser, noch Tribun.
Uns aus dem Elend zu erlösen,
können wir nur selber tun!
Leeres Wort: des Armen Rechte!
Leeres Wort: des Reichen Pflicht!
Unmündig nennt man uns und Knechte,
duldet die Schmach nun länger nicht!
Völker, hört . . .:

3.
In Stadt und Land, ihr Arbeitsleute,
wir sind die stärkste der Partei'n
Die Müßiggänger schiebt beiseite!
Diese Welt muß unser sein;
unser Blut sei nicht mehr der Raben
und der mächt'gen Geier Fraß!
Erst wenn wir sie vertrieben haben,
dann scheint die Sonn' ohn' Unterlaß!
Völker, hört . . .:

Text: Eugène Pottier
Musik: Pierre Degeyter
Übersetzung: Emil Luckhardt.

Die „Internationale" ist das Lied der Pariser Commune von 1871. Schon am 4. September 1870 hatten die Volksmassen in Paris die Republik proklamiert, und vom 18. März bis 28. Mai 1871 errichteten Arbeiter und radikale Kleinbürger die Commune, in der sie tiefgreifende Reformen wie z. B. Arbeitergesetzgebung, Gleichberechtigung der Frau, proletarische Volksmiliz, Preiskontrollen und Schulpflicht durch-

führten. Karl Marx: „Die Commune ist der erste Versuch der proletarischen Revolution". Mit Unterstützung preußisch-deutschen Militärs wurde die erste Arbeiterrepublik der Geschichte blutig niedergeworfen.
Eugène Pottier, Dichter und Kämpfer der Commune, schrieb die Verse unmittelbar nach der Niederlage. Degeyter, Drechsler und Chormeister eines Arbeitergesangvereins in Lille, vertonte sie 1888. Seit dieser Zeit begleitete das Lied alle bedeutenden Demonstrationen und Kämpfe der internationalen Arbeiterbewegung.

Dem Morgenrot entgegen

1.
Dem Morgenrot entgegen,
ihr Kampfgenossen all!
Bald siegt ihr allerwegen,
bald weicht der Feinde Wall!
Mit Macht heran und haltet Schritt!
Arbeiterjugend? Will sie mit?
Wir sind die junge Garde
des Proletariats!

2.
Wir haben selbst erfahren
der Arbeit Frongewalt
in düstren Kinderjahren
und wurden früh schon alt.
Sie hat an unserm Fuß geklirrt,
die Kette, die nur schwerer wird.
Wir sind die junge Garde
des Proletariats!

3.
Die Arbeit kann uns lehren
und lehrte uns die Kraft,
den Reichtum zu vermehren,
der unsre Armut schafft.
Nun wird die Kraft, von uns erkannt,
die starke Waffe unsrer Hand!
Wir sind die junge Garde
des Proletariats!

4.
Wir reichen euch die Hände,
Genossen all, zum Bund!
Des Kampfes sei kein Ende,
eh' nicht im weiten Rund
der Arbeit freies Volk gesiegt
und jeder Feind am Boden liegt.
Vorwärts, du junge Garde
des Proletariats!

Der Lehrer Heinrich Arnulf Eildermann, führender Funktionär der Sozialdemokratischen Partei, schrieb 1907 in Bremen das Lied zu der Melodie des bekannten Andreas Hofer-Liedes. Im kaiserlichen Deutschland konnte er den Text nur unter einem Pseudonym veröffentlichen, für das er seine beiden Vornamen verwendete. 1910 erschien das „Lied der Jugend" zum ersten Mal in der Zeitschrift „Arbeiterjugend". Im Laufe der nächsten Jahre wurde es zu dem Lied der revolutionären Arbeiterjugend und verbreitete sich nach 1918 auch über Deutschlands Grenzen.

Auf, auf zum Kampf

1.
Auf, auf zum Kampf, zum Kampf!
Zum Kampf sind wir geboren.
Auf, auf zum Kampf, zum Kampf sind wir bereit!
Dem Karl Liebknecht haben wir's geschworen.
Der Rosa Luxemburg reichen wir die Hand.

2.
Wir fürchten nicht, ja nicht
Den Donner der Kanonen!
Wir fürchten nicht, ja nicht die Noskepolizei
Den Karl Liebknecht haben wir verloren.
Die Rosa Luxemburg fiel durch Mörderhand.

3.
Es steht ein Mann, ein Mann
So fest wie eine Eiche
Er hat gewiß, gewiß schon manchen Sturm erlebt.
Vielleicht ist er schon morgen eine Leiche,
Wie es so vielen unsrer Brüder geht.

4.
Auf, auf zum Kampf, zum Kampf!
Zum Kampf sind wir geboren.
Auf, auf zum Kampf, zum Kampf sind wir bereit!
Dem Karl Liebknecht haben wir's geschworen,
Der Rosa Luxemburg reichen wir die Hand.

Umdichtung des Liedes für August Bebel von 1907 nach der Ermordung von Rosa Luxemburg und Karl Liebknecht durch die Reaktion am 15. Januar 1919.
Das Lied erlangte große Popularität und wurde 1968/69 bei Demonstrationen gegen die Notstandsgesetze in der Bundesrepublik öfters spontan gesungen.

Solidaritätslied

Auf, ihr Völker dieser Erde,
einigt euch in diesem Sinn:
daß sie jetzt die eure werde
und die größe Nährerin
Vorwärts, und nicht vergessen,
worin unsre Stärke besteht!
Beim Hungern und beim Essen
vorwärts, nie vergessen
die Solidarität!

Schwarzer, Weißer, Brauner, Gelber!
Endet ihre Schlächterein!
Reden erst die Völker selber,
werden sie schnell einig sein.
Vorwärts, und nicht vergessen . . .

Wollen wir es schnell erreichen,
brauchen wir noch dich und dich.
Wer im Stich läßt seinesgleichen,
läßt ja nur sich selbst im Stich.
Vorwärts, und nicht vergessen . . .

Unsre Herrn, wer sie auch seien,
sehen unsre Zwietracht gern,
denn solang sie uns entzweien,
bleiben sie doch unsre Herrn.
Vorwärts und nicht vergessen . . .

Proletarier aller Länder,
einigt euch und ihr seid frei!
Eure großen Regimenter
brechen jede Tyrannei!
Vorwärts, und nie vergessen,
und die Frage konkret gestellt
beim Hungern und beim Essen:
Wessen Morgen ist der Morgen?
Wessen Welt ist die Welt?

Text: Bertolt Brecht
Musik: Hanns Eisler

Der erste deutsche proletarische Film „Kuhle Wampe“ wurde 1931 in Berlin uraufgeführt. Für diesen Film schrieb Brecht das Solidaritätslied. Der vorliegende Text ist eine 2. Fassung von 1949.

Einheitsfrontlied

Und weil der Mensch ein Mensch ist,
Drum braucht er was zum Essen, bitte sehr.
Es macht ihn ein Geschwätz nicht satt,
Das schafft kein Essen her.
Drum links, zwei, drei!
Drum links, zwei, drei!
Wo dein Platz, Genosse, ist!
Reih' dich ein in die Arbeitereinheitsfront,
Weil du auch ein Arbeiter bist!

Und weil der Mensch ein Mensch ist,
Drum braucht er auch noch Kleider und Schuh'.
Es macht ihm ein Geschwätz nicht warm
Und auch kein Trommeln dazu.
Drum links . . .

Und weil der Mensch ein Mensch ist,
Drum hat er Stiefel im Gesicht nicht gern,
Er will unter sich keinen Sklaven sehn
Und über sich keinen Herrn.
Drum links . . .

Und weil der Prolet ein Prolet ist,
Drum wird ihn kein anderer befrein,
Es kann die Befreiung der Arbeiter nur
Das Werk der Arbeiter sein!
Drum links . . .

Text: Bertolt Brecht
Musik: Hanns Eisler

Das Einheitsfrontlied schrieben Brecht und Eisler Ende 1934 in London, nachdem Erwin Piscator sie im Auftrag des Internationalen Musikbüros in Moskau um ein „gutes Einheitsfrontlied" gebeten hatte.
Das Lied ging um die ganze Welt und wurde in mehrere Sprachen übersetzt.

Der Revoluzzer

auf das lin - ke Ohr, kam sich höchst ge - fähr - lich
vor. Doch die Re - vo - luz - zer schrit - ten mit - ten
in der Stra - ßen. Mit - ten, wo er son - sten un - ver -
drutzt al - le Gas - la - ter - nen putzt, putzt.
Sie vom Bo-den zu ent - fer-nen, rupf-te man die Gas - la -
ter - nen aus dem Stra - ßen - pfla - ster aus, zwecks des
Ba - ri - ka - den - bau's, aus dem Stra - ßen - pfla - ster aus, zwecks des
Bar - ri - ka - den - bau's. A - ber_
un - ser_ Re - vo - luz - zer_ schrie: "Ich bin der_ Lam - pen -
put - zer die - ses_ gu - ten_ Leuch - te - lichts. Bit - te,
bit - te,_ tut ihm nichts! Wenn wir ihm das Licht aus -

dre - hen, kann kein Bür - ger nichts mehr se - hen. Laßt die
Lam - pen stehn, ich bitt! Denn sonst spiel ich nicht mehr
mit, nicht mehr mit, nicht mehr mit, denn sonst
spiel ich nicht mehr mit!“ Doch die Re - vo - luz - zer
lach - ten, und die Gas - la - ter - nen krach - ten, und der
Lam - pen - put - zer schlich fort und wein - te bit - ter,-
bit - - ter - - lich. Dann ist er zu Haus ge -
blie - ben und hat dort ein Buch ge - schrie - ben: näm - lich,
wie man re - vo - luzzt, näm - lich, wie man re - vo -
luzzt, näm - lich wie man re - vo - luzzt und da -
bei, und da - bei, und da - bei doch Lam - pen putzt.

1.
War einmal ein Revoluzzer.
Im Zivilstand Lampenputzer;
Ging im Revoluzzerschritt
Mit den Revoluzzern mit.

2.
Und er schrie: „Ich revolüzze!“
Und die Revoluzzermütze
Schob er auf das linke Ohr,
Kam sich höchst gefährlich vor.

3.
Doch die Revoluzzer schritten
Mitten in der Straßen Mitten,
Wo er sonsten unverdrutzt
Alle Gaslaternen putzt.

4.
Sie vom Boden zu entfernen,
Rupfte man die Gaslaternen
Aus dem Straßenpflaster aus,
Zwecks des Barrikadenbaus.

5.
Aber unser Revoluzzer
schrie: „Ich bin der Lampenputzer
Dieses guten Leuchtelichts.
Bitte, bitte, tut ihm nichts!

6.
Wenn wir ihm das Licht ausdrehen,
Kann kein Bürger nichts mehr sehen.
Laßt die Lampen stehn, ich bitt! —
Denn sonst spiel ich nicht mehr mit!“

7.
Doch die Revoluzzer lachten,
Und die Gaslaternen krachten,
Und der Lampenputzer schlich
Fort und weinte bitterlich.

8.
Dann ist er zu Haus geblieben
Und hat dort ein Buch geschrieben:
Nämlich, wie man revoluzzt
Und dabei doch Lampen putzt.

Text: Erich Mühsam
Musik: Bela Reinitz

Am Anfang der Zwanziger Jahre versäumte es die Sozialdemokratische Regierung unter Friedrich Ebert, die Vorrechte des reaktionären Offiziers-Corps der neuen Reichswehr und der Großfinanz gründlich zu beseitigen. „Der Kaiser ging, doch seine Generäle (und viele andere) blieben.“ Mühsam widmete den Text der deutschen Sozialdemokratie, deren Führer besonders auf allerhöchster Ebene (Polizei, Heer, Justiz und Verwaltung) immer wieder mit der Reaktion kooperierten.
Erich Mühsam war 1918—19 Mitglied des Zentralrates der Bayerischen Räterepublik und wurde von dem konterrevolutionären Standgericht zu 15 Jahren Festung verurteilt. Nach sechs Jahren Haft wurde er entlassen. 1933 verhaftete ihn die SA und wies ihn in das Konzentrationslager Oranienburg bei Berlin ein, wo er am 10. Juni 1934 ermordet wurde.

In Hamburg fiel der 1. Schuß

In Hamburg fiel der erste Schuß,
zum Barrikadenkampf rief Spartakus.
Hamburgs Toten haben wir's geschworen,
euer Blut ging nicht umsonst verloren.
Wir schwenken die Fahne, die rote, zum Gruß
und folgen euch mutig: Jung-Spartakus!

Dreihundert hielten tapf're Wacht,
es war der Feind in böser Übermacht.
Dreitausend ist es nicht gelungen,
die kühne Schar blieb unbezwungen.
Wir schwenken die Fahne . . .

Du schwarz-weiß-rote Republik,
brich dir am roten Hamburg das Genick.
Noch leben die alten Barrikaden,
noch sind die Gewehre nicht entladen.
Wir schwenken die Fahne . . .

Im Zuchthaus schmachtet voller Wut
manch tapf'res junges Rotgardistenblut.
Euch, Brüdern, haben wir's geschworen,
noch ist die Freiheit nicht verloren.
Wir schwenken die Fahne . . .

Text: anonym
Musik: nach dem Lied der Schwarzen Husaren
„Bei Waterloo, da fiel der erste Schuß" (1815)

Das Lied des Hamburger Aufstandes im Oktober 1923 wurde von einem Barrikadenkämpfer verfaßt und den Hamburger Jung-Pionieren für ihre aktive Unterstützung des Kampfes gewidmet. In den Liederbüchern der Arbeiter durfte es zeitweise laut Beschluß des Reichsgerichts der Weimarer Republik nicht abgedruckt werden. (mitgeteilt von Inge Lammel)

Stempellied

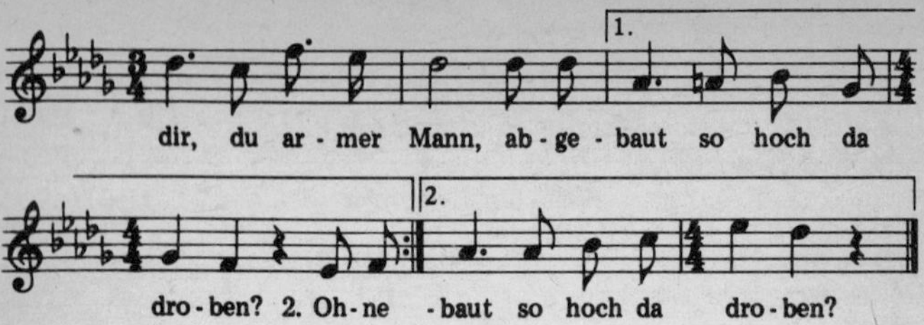

1.
Keenen Sechser in der Tasche,
bloß'n Stempelschein.
Durch die Löcher der Kledaasche
kiekt de Sonne rein.
Mensch, so stehste vor der Umwelt
jänzlich ohne was;
wenn dein Leichnam plötzlich umfällt,
wird keen Ooge naß.
Keene Molle schmeißt der Olle,
wenn er dir so sieht . . . Tscha
die Lage sieht sehr flau aus,
bestenfalls im Leichenschauhaus
haste noch Kredit.

Stellste dir zum Stempeln an
wird det Elend nich behoben. —
Wer hat dir, du armer Mann,
abjebaut so hoch da droben?

2.
Ohne Arbeit, ohne Bleibe
biste null und nischt.
Wie 'ne Fliege von der Scheibe
wirste wegjewischt.
Ohne Pinke an der Panke
stehste machtlos da,
und der Bursche sagt: Danke!
rückste ihm zu nah.
Äußerst schnell schafft
die Jesellschaft Menschen uff'n Müll —
Wenn de hungerst, halt de Fresse;
denn sonst kriegste 'ne Kompresse —
und das mit Jebrüll.

Stellste dir zu pampich an,
setzt et jleich'n Wink von oben —
Denn es hab'n dich armen Mann
abjebaut die hoch da droben.

3.
Und so kieken dir die Knochen
sachte aus der Haut.
Und du bist in wen'gen Wochen
völlig abjebaut.
Und du koofst dir een paar Latten
für 'ne letzte Mark;
denn für eenen dünnen Schatten
reicht'n dünner Sarg.
Nur nicht drängeln
zu die Engeln
kommste noch zur Zeit.
„Holde Rationalisierung“
singt dir de Jewerkschaftsführung
sinnig zum Geleit.

Stell dir vorsichtshalber dann
Jleich zum Stempeln an auch oben —
denn du bleibst, als armer Mann,
abjebaut auch hoch da droben.

Text: David Weber
Musik: Hanns Eisler

Nach der amtlichen Statistik gab es zu Beginn des Jahres 1929 2 850 000 Arbeitslose. Nach dem Börsenkrach in den USA am 29. Oktober 1929, dem „schwarzen Freitag“, verbreitete sich die Weltwirtschaftskrise rasch auf die europäischen Länder. Die Arbeitslosigkeit in Deutschland stieg an auf 3 217 608 Arbeitslose, von denen nur 2 503 956 unterstützt wurden.

Kinderlied vom Sparen

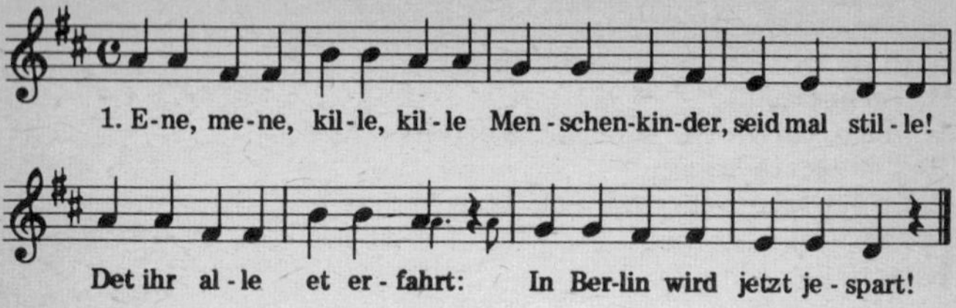

Ene, mene, kille, kille,
Menschenkinder, seid mal stille!
Det ihr alle et erfahrt:
In Berlin wird jetzt jespart!

Ene, mene, Jummischlauch!
Ach, Herr Lehrer, mir knurrt der Bauch,
knurrt der Magen noch so laut,
die Kinderspeisung ist jeklaut.

Ene, mene, ick muß schon lachen,
Herr Lehrer, wir wollen einen Ausflug machen.
Da faßt a sich an Zickenbart:
„So seht ihr aus, jetzt wird jespart."

Ene, mene, Kunterbunter,
der Kalk fällt von de Decke 'runter,
durch det Fenster zieht es doll,
die Klassen werden jetzt doppelt voll.

Ene, mene, Lausebeene,
jetzt kenn wa det Lied schon janz alleene,
an allet sparn se fürchterlich,
bloß mit Dresche sparn se nich!

Text und Melodie: Hein But

Wenn das Kapital schon wackelt

Wenn das Kapital schon wackelt und der Spießer ängstlich blickt,
kommen all die treuen Schergen der Polente angerückt.
Unsre Antwort, die soll lauten: Nun erst recht und trotz Verbot!
Und wir kämpfen, bis wir siegen, alle her zur Fahne rot!

Und in allen Schulen schimpfen jetzt die Pauker: Ei, verflucht!
Eine Zeitung ist erschienen! Und die Zeitung wird gesucht!
Unsre Antwort, die soll lauten: Nun erst recht und trotz Verbot!
Und wir kämpfen, bis wir siegen, alle her zur Fahne rot!

Und der Pauker mit dem Knüppel haut, wenn weiter er nichts kann.
Doch in jeder Klasse wählen wir schon den Vertrauensmann.
Unsre Antwort, die soll lauten: Nun erst recht und trotz Verbot!
Und wir kämpfen, bis wir siegen, alle her zur Fahne rot!

Text und Melodie: anonym

Lockspitzellied

Dreitausend Mark, heidi, per Jahr
Von seiner Exzellenz —
Wie schirmt der Himmel wunderbar
Lockspitzels Existenz
Kein Gentleman, kein Gentleman,
Als wär' das ein Malheur,
So bin ich denn und bleib ich denn
Agent provocateur.

Spitz, spitz: Die Ohren aufgeknöpft!
Horch, horch, nach links und rechts!
Bum bum! „Und alles wird geköpft
Tyrannischen Geschlechts!"
Fällt mir dann so ein Tölpel 'rein
Und brüllt: „Den Teufel — ja!"
Das muß ein Anarchiste sein,
Ein Anarchist, hurrah!

„Genosse, prost!" Begleite ihn,
Schüttl' ihm als Freund die Hand
Und melde schleunigst nach Berlin:
Ein frischer Fisch — brillant.
Aus deutschen Reichsfonds stell' ich flugs
Das süße Mordsblatt her,
Die „Freiheit" — kolossaler Jux!
Ex'lenz, was willst du mehr?

Ach, als ich noch kein Spitzel war,
Welch kreuzerbärmlich Los!
Dreitausend Reichsmark jedes Jahr,
Das macht sich ganz famos.
Mitunter bupperts mir von fern:
„Du Schuft!" Herrjeh, ich bin
Ein treuer Diener meines Herrn —
Und schlag' mir's aus dem Sinn.

Ich bin ein Werkzeug der Gewalt
Von Gottes Gnaden nur,
Ein unentbehrlich Rädchen halt
In der Regierungsuhr.
Spitz, spitz, horch, horch! Kein Gentleman,
Als wär' das ein Malheur,
So bin ich denn und bleib' ich denn
Agent provocateur.

Text: Karl Hendell
Melodie: Der kreuzfidele Kupferschmied

Proletarische Selbstkritik

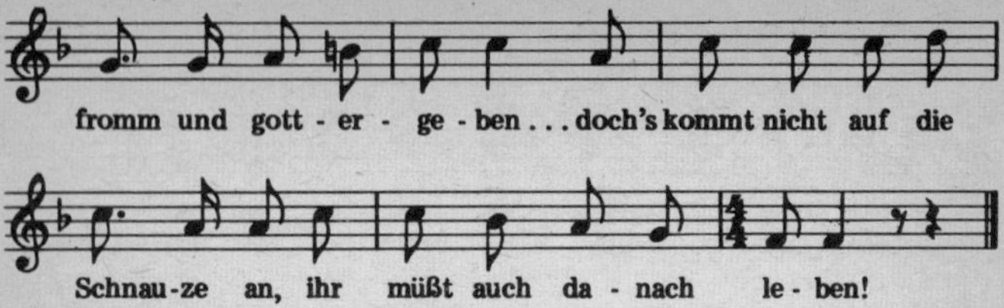

Vier Treppen links im Hinterhause
als Oberhaupt und Haustyrann
herrscht der Familienvater Krause
und sieht sich seine Bude an:
een Haufen Nipps — der Schönheit wejen —
zwee Engel überm Ehebett
mit joldjesticktem Morjensejen
und eene Venus im Klosett.
Und neben Militärandenken
mit schönem, schwarzweißrotem Band
und Hochzeits- und Vereinsjeschenken
hängt einsam Lenin an der Wand.
Bloß wenn er an der Theke steht,
ist Krause Sozialist:
Da schwitzt er Klassenkämpfertum
und schimpft uff Bürgermist.
Sonst frißt er sich 'ne Plauze 'ran,
ist fromm und gottergeben . . .
Doch's kommt nicht
auf die Schnauze an,
ihr müßt auch danach leben!

Und Mutter liest bei Radiowellen
den Mottenpost-Kriminalroman
und schaudert bei den schönen Stellen
vom Blutrausch und vom Liebeswahn.
Und Vater Lehmann ordnet wichtig
die Zigarettenbilder ein.
Ick glob, bei dem ist's nich janz richtig —
Und det will nu'n Betriebsrat sein.

Selbst nachts quietscht leise noch im Traume
det heißjeliebte Jrammofon
das Lied vom Kaktus und der Flaume,
und Mutter träumt von dem Baron.
Bloß wenn er an der Theke steht,
hat Lehmann 'n jroßen Rand —
Er quatscht von Arbeiterkultur
und noch so allerhand —
Sonst frißt er sich 'ne Plauze 'ran
und säuft sein Bier daneben . . .

Doch's kommt nicht
auf die Schnauze an,
ihr müßt auch danach leben!

Kollege Schulze hat andre Sorjen,
sein Mädel kriegt jetzt eenen Mann.
Der ist Beamter und rückt morjen
mit seinem Heiratsantrag an.
Die Jrete quatscht von Kirchentrauung,
vom Schleier und von Traurigsein
und tritt von wejen die Erbauung
rasch wieder in die Kirche ein.
Und nach dem großen Hochzeitsmahle
ist Schulze blau wie so 'ne Sau;
er grölt die Internationale —
Und dann versohlt er seine Frau.
Bloß wenn er an der Theke steht,
ist Schulze wieder echt;
da rülpst er Gotteslästerung
und kämpft für Frauenrecht.
Sonst frißt er sich 'ne Plauze 'ran,
ist still dem Suff ergeben . . .
Doch's kommt nicht
auf die Schnauze an,
ihr müßt auch danach leben!

Genossen Schulze, Lehmann, Krause,
die könnt ihr überall mal sehn.
Die wohnen auch bei euch zu Hause,
da braucht ihr nicht so weit zu gehn.
Mit Mottenpost und Sammelmappen,
mit Kirche, Schnaps und Weihrauchdampf
und Zigarettenbilderwappen
gewinnt man keinen Klassenkampf.
Was Rußland hat, wolln wir erreichen:
Die rote Sowjetrepublik!
Hinweg mit Kitsch und Bockbierleichen!
Übt proletarische Selbstkritik!
Dann pfeift auf Schnaps und Kanzel
und auf die Nippsfigur;
kämpft gegen Volksverdummung
für Arbeiterkultur!
Verzichtet auf die Plauze dann
und auf die Rhein'schen Reben . . .
Denn's kommt nicht
auf die Schnauze an,
wir wolln auch danach leben!

Text und Melodie: aus dem Repertoire der „Sturmtrupp Alarm", Berlin, 1929.

Doch du

Wenn's nach dir ging, gäb' es keine
Arbeitslosen auf der Welt,
Siebenstundentag mit vollem
Lohnausgleich wird hergestellt.
Doch du stehst da am Fenster
und schimpfst gelegentlich.
Wenn es losgeht, biste knorke,
bloß vorher willste nicht.
Und du willst so gern und kannst nicht
auf die Arbeitsstelle gehn,
denn die meisten der Fabriken
ohne Dampf im Kessel stehn.
Doch du stehst da am Fenster . . .
Hier Millionen Subventionen,
da die Stütze reduziert —
Siehste, das ist Wirtschaftskrise,
du bist immer angeschmiert!
Doch du stehst da am Fenster . . .

Text: Maxim Vallentin
Melodie: Kollektiv

Dieser Song wurde bei der Haus- und Hofpropaganda in den Hinterhöfen der Berliner Mietskasernen von der Truppe mit darstellerischen Mitteln vorgetragen — als Appell und Mahnung an die Hausbewohner, die, aus dem Fenster lehnend, den Refrain oft kräftig mitsangen.

Aufforderung zum Streik

Laßt die Hämmer ruhn.
Laßt die Räder stillestehn.
Laßt die Feuer niederbrennen.
Löscht das Licht.
Stört die Bequemlichkeit der Müßiggänger.
Sperrt ihrer Speisekammern Zufuhr.
Verfaulen soll die Ernte die euch nicht ernährt.
Kohle die euch nicht wärmt mag unter Tag verwittern.
Der Schornstein der nicht euretwegen raucht
zusammenstürzen.
Seht hin.
Der Bürger baut auf eurer Arbeit Boden.
Sein Haus ist reich. Sein Bett ist weich.
Von eurer Arbeit Gnaden mästet er den Leib.
Von eurer Arbeit Gnaden putzt sich sein Weib.
Von eurer Arbeit Gnaden wachsen ihre Kinder.
Mit Fleiß erzogen Herren über euch zu sein.
Vergiftet euch zu hassen.
Von eurer Arbeit Gnaden.
Und ihr? Proleten? — Arbeitstiere?
Und *eure* Mietskasernen? — Hungertürme?
Und *eure* Frauen? — Gebärmaschinen?
Und *eure* Kinder? — Bleiche Elendsbälger?
Fluch jedem Hammerschlag für Bürgerbrut.
Fluch jedem Schritt in ihre Sklaverei.
Fluch ihrem Dank. Fluch ihrem Judaslohn.
Euer ist die Erde.
Heraus aus den Betrieben!
Auf die Straße!

Text: Oskar Kanehl

Der Bürger

Der sich auf Daunen dreht.
Der in der Loge lehnt.

Der in Palästen wohnt.
Der die Gesundheit schont.

Der aus Brillanten blitzt.
Der auf dem Geldsack sitzt.

Der's in den Bauch reinschlägt.
Der sich den Vollbart pflegt.

Der mit der Bügelfalte. Der in Parfüm. Der in Lack.
Der mit der „Ehre", „Moral" und dem „guten Geschmack".

Der mit dem Einglas. Der mit dem Schmiß.
Der mit den Achselstücken. Der mit dem Cerevis.

Der sich vor Thron und Altar beugt.
Der Untertan, der nur gehorcht und schweigt.

Der uns in Kriege und Haß gehetzt.
Der uns belogen hat. Immer und jetzt.

Der mit Maschinengewehren und Bajonett,
Arbeiter, eure Revolution zertritt.

Bürger heißt der. Bourgeois oder Bürger.
Werktätiges Volk. Das ist dein Erwürger.

Der saugt dein Blut. Der ißt dein Brot.
Der sperrt dich ein. Der schießt dich tot.

Mit dem wird dir Befreiung nicht.
Steh auf, Prolet! Zum Weltgericht!

Text: Oskar Kanehl

Hugenberg

Ein Barde von Blut- und Eisenformat
Voll schwarz-weiß-roter Courage,
General der „Propaganda der Tat"
Für Kulturreaktion in Kirche und Staat —
Der speist den Tatütata-Apparat
Mit Phrase, Reklame — und Gage.

Der macht seine eigne Kulturpolitik
In Nachtausgabe und Kino,
Persönlich verwaltet er die Rubrik:
„Letzte Enthüllung der Saurepublik",
Dann brodelt aus seiner Meinungsfabrik
Der zündende Schlager: „Revanchekrieg! —
Deutsche! Gebraucht Mussolino!"

Sein Name ist mächtig — nicht Schall und nicht Rauch!
Sein Name deckt viele Geschäfte,
Vor dem liegt die Industrie auf dem Bauch
Und die Offiziere a. D. tun's auch,
Denn die warten auf Kriegsverwendungsgebrauch:
Abteilung: Leitende Kräfte.

Der hat die Gelder, der hat die Statur
zum monarchistischen Stellvertreter,
Der reinigt die schmutzige Literatur
Von semitischer Unzucht und Unnatur —
(Allerdings: die Nacktmagazin-Konjunktur —
Geschäft ist Geschäft — *die* versteht er!)

Der will mittels Kino und Zeitungskonzern
die deutsche Nation renovieren —
Da muß man zunächst mal dem Sowjetstern
Mit Feuer und Schwert den Eintritt versperrn,
Das klingt erstens gut und der Spießer hört's gern —
Und dem will man doch imponieren!

Der wettert mit Federkiel, Herz und Hand
Für die heiligsten Geldsack-Güter
Meint er sich, dann spricht er von Vaterland
Und staatsnotwendigem Interessenverband
Im nationalen Bürger- und Bauernstand —
So streut er den rechten Verblödungssand
Für anspruchslose Gemüter.

Der baut die „Meinung der Öffentlichkeit"
Diktator in Pressekantinen,
Der hält schon die Leitartikel bereit
Für die nächste „Gold gab ich für Eisen"-Zeit;
Geschäftsmann von echt patriotischem Schneid —:
Der greift sich stets die rechte Gelegenheit,
Mit Filmen und Rotationsmaschinen
Groß zu verdienen!

Text: Günther Dallmann

Der Rote Wedding

1.
Links, links, links, links!
Die Trommeln werden gerührt!
Links, links, links, links;
der Rote Wedding marschiert!
Hier wird nicht gemeckert, hier gibt es Dampf!
Denn unsre Parole ist Klassenkampf
nach blutiger Melodie!
Wir betteln nicht mehr um Gerechtigkeit!
Wir stehn zum entscheidenden Angriff bereit,
zur Vertreibung der Bourgeoisie!
Roter Wedding grüßt euch, Genossen!
Haltet die Fäuste bereit!
Haltet die roten Reihen geschlossen,
denn unser Tag ist nicht weit!
Drohend stehen die Faschisten
drüben am Horizont!
Proletarier, ihr müßt rüsten!
Rot Front! Rot Front!

2.
Links, links, links, links;
trotz Faschisten und Polizei!
Links, links, links, links!
Wir gedenken des Ersten Mai!
Der herrschenden Klasse blut'ges Gesicht,
der Rote Wedding vergißt es nicht,
und die Schande der SPD!
Sie wolln uns das Fell über die Ohren ziehn!
Doch wir verteidigen das rote Berlin,
die Vorhut der Roten Armee!
Roter Wedding . . .

3.
Links, links, links, links!
Die Fahne weht uns voran!
Links, links, links, links!
Der Rote Wedding tritt an!
Wenn unser Gesang durch die Straßen braust,
dann zittert der Feind vor der Arbeiterfaust!
Denn die Arbeiterklasse erwacht!
Wir stürzen die Säulen des Ausbeuterstaats
und gründen die Herrschaft des Proletariats.
Kameraden, erkämpft euch die Macht!
Roter Wedding . . .

Text: Erich Weinert
Musik: Hanns Eisler

Kurz nach dem Blutmai 1929 in Berlin schrieb Erich Weinert das Truppenlied für die Agitproptruppe „Roter Wedding“. Es ist mindestens die zweite Fassung des Textes, von dem mehrere Varianten bekannt sind.

Gustav Kulkes seliges Ende

Gustav Kulke war zu Kaisers Zeiten
ein berittner Schutzmann in Berlin.
Gustav durfte durch die Straßen reiten
und am Ersten Mai den Säbel ziehn.

Gustav ritt die schneidigsten Attacken.
Manche Schwarte hat er abgepellt.
Grimmig kriegte er den Feind zu packen,
denn er war ein Preuße und ein Held.

Kam sein Kaiser in die Ordenswochen,
war für Gustav auch ein Blech dabei.
Dieses ward ihm dankbar angestochen
von dem Präsident der Polizei.

Aber ach, sein Kaiser kam abhanden.
Gustav Kulke wurde abgebaut.
Zähneknirschend stand er nun am Brandenburger Tor und räsonierte laut.

Gustav kaufte eine Bierbudike
in der Krümelstraße Nummer drei.
Und er fluchte auf die Republike
und die schlappe grüne Polizei.

Ach, und immer, wenn der Erste Mai kam,
putzte er sein Polizistenschwert.
Und bei jeder Fahne, die vorbeikam,
scharrte er wie ein Soldatenpferd.

Gustav spülte seinen Kummer runter.
Aber Gustav spülte allzuviel.
Und auf einmal war er nicht mehr munter
und begab sich auf den Sterbepfühl.

Eines Tags, schon wollte seine Seele
still entfliehn — es war der Erste Mai —,
da vernahm er preußische Befehle.
Durch die Straßen schoß die Polizei.

Gustav ging ein Ruck durch alle Glieder,
als er morgens in die Zeitung sah.
Gustav sprach: Nun kommt mein Kaiser wieder!
Denn der Preußengeist ist wieder da!

Gustav ließ sich seinen Säbel reichen,
griff noch einmal um den Messingknauf,
schlug aufs Bett und gab mit einem weichen
Lächeln seinen Polizeigeist auf.

Text: Erich Weinert
Musik: Hanns Eisler

Der Polizeipräsident von Berlin, Zörgiebel, hatte die Demonstrationen am 1. Mai 1929 verboten und ließ, als trotzdem die Arbeiter auf die Straße gingen, auf die Demonstranten das Feuer eröffnen.

Wie hetze ich erfolgreich?
(Rezept für Lokalberichterstatter)

Du hörst zum Beispiel: Da im Norden
Ist jemand totgeschlagen worden.
Nimm eine Taxe! Fahr hinaus
Und horche die Umgebung aus!

Dort interviewst du im Vertrauen
Zuerst Portiers und Lokusfrauen;
Und da erfährst du erst einmal:
Nicht weit sei ein Rotfrontlokal.

Das wäre schon ein Hauptindiz.
Drum überschreibe die Notiz:
„Der Geist der Zeit! Schon wieder mal
Ein Mord vor dem Rotfrontlokal!"

Und dann ist sicher jemand da,
Der den Verbrecher türmen sah.
Bist du geschickt, bekommst du raus:
Der Mann sah kommunistisch aus.

Ein Wach- und Schließmann wird dir sagen:
Er habe in den Parkanlagen,
Gleich um die Ecke, elf Uhr zehn,
Zwei Rote Frontler stehen sehn.

Indizien hast du jetzt in Menge;
das reicht für hundert Zeilen Länge.
Nun zeige auch im Stil Geschmack;
Schreib immer: Kommunistenpack.

In Logik sei recht unverfroren!
Gib deiner Phantasie die Sporen!
Das Blättchen, dem du dienen mußt,
Nimmt solches Manuskript mit Lust.

Und stellst du dann mit leiser Klage
Am Schluß die aktuelle Frage
Ans Polizeipräsidium:
„Wie lange geht *der* Geist noch um?"

Wirst du der allgemein gegebnen
Verbotstendenz die Wege ebnen,
Und nicht nur Rotationsmaschinen,
Nein, auch der Staatserhaltung dienen.

Text: Erich Weinert

Das Wunder vom 1. Mai 1929

Die Schupo stand voll Todesmut
Im Kampf mit den roten Verbrechern;
Die schossen nämlich in toller Wut
Von allen Löchern und Dächern.
Doch die Schupo stand und wankte nicht.
So steht es im Polizeibericht.
Viel tausend Kugeln sausten vorbei,
    Doch die Polizei
    Blieb ruhig dabei
Und machte höflich die Straße frei.

Da sprach der Kommandeur von Berlin,
Man hörte die Stimme beben:
Nun müssen wir doch die Pistolen ziehn,
Sonst bleibt kein Schupo am Leben!
Doch bitte, schießt nicht auf Menschen! Ihr wißt,
Daß ein Schreckschuß ebenso wirkungsvoll ist.
Nun schoß man ein Schüßchen oder zwei.
    Und die Schießerei
    War bald vorbei.
So vornehm benahm sich die Polizei.

Und als man dann das Schlachtfeld besah,
Da waren viel Tote zu melden;
Und hundert Verwundete lagen da.
Da haben die Schupohelden
Den letzten Rest ihrer Mannschaft gezählt.
Und siehe — kein einziger Schupo fehlt!
Hundert Proleten in einer Reih!
    Von der Polizei
    War keiner dabei!
Das war das Wunder vom ersten Mai.

Text: Erich Weinert

Warum ich kein Kommunist sein kann

Erstens bin ich anständig erzogen,
Zweitens bin ich nicht wohnungslos,
Drittens ist mir mein Chef gewogen
Und die Not bei mir noch nicht so groß.
Viertens müßt' ich meine Frau erst fragen,
Fünftens, was würden die Bekannten sagen!
Sechstens der Chef, wenn der's erführe,
Daß ich die „Internationale" abonniere!
Achtens wird mir das Zahlen sauer,
Und dann: auf mich kommt's doch nicht an!
Ich halte es entschieden für schlauer,
Man wartet, bis die andern etwas getan.
Neuntens, nur so im Allgemeinen:
Ich bin mit mir selber noch nicht im Reinen,
Soll ich oder soll ich nicht?
Hier Ruhe, — dort die Bruderpflicht.
Ich würde mich, es kommt sicher einmal der Sturm,
Doch momentan, Kollegen, — ich sage es ehrlich, —
Halt' ich die Sache für äußerst gefährlich!
Drum zehntens: Ich werde erst Kommunist,
Wenn euer Kampf siegreich beendet ist!

Text: Catilina

Demokratie

Es saß mit breitem Hinterteil
Der Dicke auf dem Dünnen
Und sprach zu ihm: Jetzt können wir
Demokratisch zu reden beginnen.

Du weißt, ich hasse die Despotie
So, wie die Aufruhrgewalten:
Es möge jeder seinen Platz
An der Sonne in Frieden erhalten.

Drum bin ich dagegen, daß wir uns entzwei'n,
Ich hasse Kanonen und Lunten.
Wir wollen gut pazifistisch sein,
Ich oben und du unten!

Im Jenseits tauschen wir dann den Platz,
Dort will ich dich gerne tragen —
So sind die Lasten gleich verteilt,
Du kannst dich nicht beklagen.

Einstweilen jedoch ist der status quo
Die wichtigste Ordnungsstütze:
Drum bleib' ich mit meinem Prachtpopo
Auf angestammtem Sitze.

Text: F. C. Weiskopf

Herr Lehrer, Herr Lehrer!

„Herr Lehrer, wir haben zu Hause kein Licht,
Und da konnte ich meinen Aufsatz nicht schreiben.
Und ‚Vom Himmel hoch' kann ich auch noch nicht."
— „Ruhig Kinder! Schön sitzen bleiben!" —

„Herr Lehrer, und wir haben zu Hause kein Brot,
Nicht mal das allerkleinste Ende.
Wer gar nichts ißt, geht der dann tot?"
— „Frag nicht so viel! Faltet die Hände!" —

„Herr Lehrer, mein Vater ist arbeitslos,
Und auch meine zwei großen Schwestern.
Und, Herr Lehrer, die sagen, das käme bloß . . ."
— „Das gehört nicht hierher! Wovon sprachen wir gestern?" —

„Herr Lehrer, warum geht es den Arbeitern so schlecht,
Und warum sitzen so viele im Kittchen?
Meine Mutter sagt, ging' es gerecht,
Dann säßen ganz andre —"
— „Wir lesen: Schneewittchen." —

„Herr Lehrer, Herr Lehrer, ich weiß noch was!
Unser Max sagt, wir wären alle Proleten.
Und auf die Reichen, da wäre kein Verlaß,
Wir müßten uns selber —"
— „Steht auf! Laßt uns beten." —

Text: Fritz Hampel

Auch du, Kollege Müller

Auch du, Kollege Müller,
Gehst täglich ins Büro.
Du schwärmst für Kant und Schiller,
Für Rembrandt und Rousseau.
So lebst du hin, als schwebst du
In einer höhern Welt —
Doch eines Tags erlebst du,
Wie sie zusammenfällt.
    Da hilft kein Resignieren,
    Kein Chef greift helfend ein.
    Drum heißt es mitmarschieren,
    Drum heißt es Kämpfer sein.

Und Sie, mein Herr Kollege,
Sind Oberingenieur.
Sie gehn noch andre Wege
Als das Proletenheer.
Sie kann der Chef nicht missen,
Solang das Werk besteht . . .
Doch Ihre Herren wissen,
Daß es auch anders geht.
    Liegst du dann auf der Straße,
    Greifst du vielleicht zum Strick. —
    Denk jetzt schon an die Masse;
    Du bist von ihr ein Stück.

Und du, Kollegin Schneider,
Du tippst von früh bis spät.
Acht Stunden erst? Tipp weiter . . .
Du bist doch kein Prolet.
Die Überstundengelder,
Die hast du nie gesehn. —
Bist du dann drei Jahr älter,
Dann kannst du stempeln gehn.
    Blind lebst du deine Tage;
    Dein Schwarm — der Prokurist.
    Wann stellst du dir die Frage,
    Wo deine Klasse ist?

Kollege Angestellter,
Schau dich im Spiegel an.
Du wirst tagtäglich älter . . .
Dort steht der nächste Mann,
Der dritte, vierte — zehnte!
Unendlich sind die Reihn.
Wer heut sich sicher wähnte,
Kann morgen draußen sein.
Da hilft kein steifer Kragen,
Nicht Bildung noch so groß . . .
Da heißt es: Fäuste tragen!
Stoß bricht nur Gegenstoß.

Text: Max Zimmering

Diskographie

Die Münchner Songgruppe
Wenn's nach dir ging, LP Pläne-Verlag
. . . und Euch gehört ein Dreck, S Pläne-Verlag

Bonner Singegruppe „Solidarität"
Linksrheinisches, S Pläne-Verlag

Lokomotive Kreuzberg
Kollege Klatt, LP Pläne-Verlag

Floh de Cologne
Vietnam (zusammen mit Dieter Süverkrüp), LP Pläne-Verlag
Fließbandbabys Beat-Show, OHR/Metronome
Profitgeier, OHR/Metronome

Hamburger Liedermacher
Rettet Angela Davis, S Pläne-Verlag

Die Conrads
Brecht die Macht der Monopole, LP Pläne-Verlag
Auf, auf zum Kampf, S Pläne-Verlag
Wir machen den Roten Punkt!, S Pläne-Verlag

Checkpoint Charlie
„Grüß Gott mit hellem Klang", Eigenproduktion 1970

Franz K.
Sensemann, Philipps LP

Eulenspygel
„Ausschuß", LP Eurocord Musikverlag

Volks-Musik (Hotzenplotz)
Songs aus der Show, Eigenproduktion

Ton-Steine-Scherben
Warum geht es mir so dreckig? , LP Eigenproduktion
Keine Macht für Niemand, Doppelalbum Eigenproduktion

Kattong
Stiehl dem Volk die Geduld, LP Schwann-Verlag
Diebstahl lohnend, S Schwann-Verlag
Rotes Liebeslied, Juso-S (zu bestellen über den Landesverband der Jungsozialisten, 5 Köln)

Joan und José
Streik!, LP Pläne-Verlag
Guanyarem! Wir werden siegen!, LP Pläne-Verlag

Sammelplatten

Arbeiterlieder-Festival '70:
Deutsche Arbeiterlieder, live Degenhardt, Fasia, Hüsch, Jäger, Kittner, Lerryn, Stütz, Süverkrüp, Die Conrads, Hamburger Songgruppe, Münchner Songgruppe, LP Pläne-Verlag

„Lehrlinge zusammenhalten"
Die Conrads, Floh de Cologne, interpol, Vorschlaghammer, Dieter Süverkrüp, Lerryn/dadazuzu, Münchner Songgruppe, Hannes Stütz, LP Pläne-Verlag

Die Internationale, S Pläne-Verlag

Bücher, Zeitschriften, Textdienste

Zeitschrift „Akzente", Heft 4, (Carl Hanser Verlag) München 1970

Zeitschrift „alternative", Heft 48 der Gesamtfolge: Die roten Straßen, (Alternative Verlag) Berlin 1966

Zeitschrift „alternative", Heft 69 der Gesamtfolge: Materialistische Kunsttheorie II, Hanns Eisler, ebd. Berlin 1966

Zeitschrift „alternative", Heft 70 der Gesamtfolge: Theater als Provokation, ebd. Berlin 1970

Zeitschrift „alternative", Heft 86 der Gesamtfolge: Politische Songs aus Lateinamerika, Berlin 1972

Arbeitskreis Progressive Kunst, Hrsg.: Politische Lieder '67, '68, '69, 1970/71, '72, (Asso Verlag) Oberhausen 1967 ff.

Arbeitskreis Progressive Kunst, Hrsg.: Agitation — Kabarett, Rezitation, Song, Lied — (Asso Verlag) Oberhausen 1968

Arbeitskreis Progressive Kunst, Hrsg.: Mitbestimmung — Sprechtexte, Agitation, Lieder — (Asso Verlag) Oberhausen 1969

Arbeitskreis Progressive Kunst, Hrsg.: Lehrlinge messen Unternehmerinteressen — Lieder, Straßentheater, Aktionstexte, Dokumente, Kurzprosa, Gedichte (Asso Verlag) Oberhausen 1970

Arbeitskreis Progressive Kunst, Hrsg.: Lieder gegen den Tritt, Politische Lieder aus fünf Jahrhunderten, Auswahl: Annemarie Stern, (Asso Verlag) Oberhausen 1972

Klaus Budzinski, Hrsg.: Vorsicht, die Mandoline ist geladen. Deutsches Kabarett seit 1964, (Fischer Taschenbuch) Frankfurt a. M. 1971

Konrad Boehmer: Zwischen Reihe und Pop. Musik und Klassengesellschaft (Verlag Jugend und Volk) Wien, München 1970

Hans Bunge: Fragen Sie mehr über Brecht. Gespräche mit Hanns Eisler. (Verlag Rogner und Bernhard) Hamburg 1971
Josef Büscher: Steckkarten. Texte für Betriebsarbeiter. (Asso Verlag) Oberhausen 1971
Josef Büscher/Kurt Küther/Richard Limpert: Schichtenzettel. Bergarbeiterdichtung. (Asso Verlag) Oberhausen 1969
Herbert Berger, Günter Hinz, Richard Limpert: Gedichte des Sozialpartners (Neidhard Anrich Verlag) Mülheim-Ruhr 1970
Franz Josef Degenhardt: Spiel nicht mit den Schmuddelkindern. Balladen, Chansons, Grotesken, Lieder (Rowohlt Taschenbuch) Reinbek 1969
Franz Josef Degenhardt, Wolfgang Neuss, Hanns Dieter Hüsch, Dieter Süverkrüp: Da habt ihr es! Stücke und Lieder für ein deutsches Quartett (Rowohlt Taschenbuch) Reinbek 1970
Franz Josef Degenhardt: Politische Lieder 1964—1972, mit Beiträgen von Thomas B. Scumann u. a., herausgegeben von Heinz Ludwig Arnold (Richard Boorberg Verlag) München 1972
Floh de Cologne: Profitgeier und andere Vögel, Agitationstext, Lieder, Berichte (Verlag Klaus Wagenbach) Berlin 1972
Fuhrmann, Hinrichsen, Hüfner, Kuhnke, Schütt, Wandrey, Hrsg.: agitprop. Lyrik, Thesen, Berichte (Quer Verlag) Hamburg 1969
Hermann Gruber, Hrsg.: Agitprop, Aktueller Textdienst für Spiel- und Songgruppen (8 München 82, Zehntfeldstr. 144)
Agnes Hüfner, Hrsg.: Straßentheater (edition suhrkamp) Frankfurt a. M. 1970
Klaus Kuhnke: Lieder der Arbeiterklasse 1918—1933. (Damokles Verlag) Ahrensburg 1971
Hugo Ernst Käufer, Hrsg.: Revier heute. Neue Texte aus der Literarischen Werkstatt Gelsenkirchen (Georg Bitter Verlag) Recklinghausen 1972
Zeitschrift „Kursbuch“, Nr. 20 der Gesamtfolge: Über ästhetische Fragen (Suhrkamp Verlag) Frankfurt a. M. 1970
Inge Lammel: Das Arbeiterlied (Verlag Philipp Reclam jun.) Leipzig 1970
Richard Limpert: Menschen seh ich, die mit Eifer . . . (Verlag Neue Presse) Hamburg 1970
Lieselotte Rauner: Der Wechsel ist fällig. Gedichte (Georg Bitter Verlag) Recklinghausen 1970
Erasmus Schöfer: Die kulturpolitische Situation der BRD und der Stand der Werkkreis-Arbeit, in: Werkkreis Literatur der Arbeitswelt, Hrsg.: Realistisch schreiben. Entwicklung einer antikapitalistischen Literatur der Bundesrepublik. Springender Protokolle und Materialien, Werkkreis Eigendruck, 1972

Rolf Schwendter: Theorie der Subkultur (Verlag Kiepenheuer und Witsch) Köln 1971
Zeitschrift „Sinn und Form", Sonderheft Hanns Eisler (Verlag Rütten und Loening) Berlin 1960
Sozialistische Zeitschrift für Kunst und Gesellschaft (74 Tübingen, Ammergasse 24): Heft 6 der Gesamtfolge: Popmusik, Profite für das Kapital, 1971
Sozialistische Zeitschrift für Kunst und Gesellschaft: Heft 13/14 der Gesamtfolge: Arbeiterliteratur in der BRD, 1972
Wolfgang Steinitz: Deutsche Volkslieder demokratischen Charakters aus sechs Jahrhunderten (Akademie Verlag) Berlin 1962
Manfred Vosz, Hrsg.: Kürbiskern-Songbuch (Damnitz Verlag) München o. J. Werkkreis Literatur der Arbeitswelt; Hrsg.: Textdienst (4353 Oer-Erkenschwick 1, Postfach)

Anschriften der Gruppen

Münchner Songgruppe
c/o Wolf Brannasky
8 München
Rotkäppchenstr. 710
Tel.: 0811/6 01 57 47

IG Metall-Chor
c/o Wolfgang Meyberg
5 Köln 41
Egelspfad 27
Tel.: 0221/48 68 88

Hamburger Liedermacher
c/o Peter Gutzeit
2 Hamburg-Norderstedt 2
Poppenbüttelerstr. 258
Tel.: 0411/6 40 93 16

Düsseldorfer Songgruppe
c/o Lutz Reinhardt
4 Düsseldorf
Roßstr. 108

Songgruppe Adelante
c/o Jürgen Lohe
3 Hannover
Weidetorstr. 22

Bonner Singegruppe „Solidarität"
c/o Volker Rohde
53 Bonn-Beuel
Am Mühlenstumpf 3
Tel.: 02221/4 38 48

Songgruppe Ulm
c/o Reinhold Berz
7901 Blaustein 2
Buchbronnerweg 81

Gruppe „Agit-Rock" Gevelsberg
c/o Lothar Kruse
582 Gevelsberg
Hagenerstr. 384
Tel.: 02332/ 6 01 47

Floh de Cologne
c/o Dieter Klemm
5 Köln 1
Brabanterstr. 42
Tel.: 0221/23 29 30

Die Conrads
4 Düsseldorf
Prinz-Georg-Str. 79
Tel.: 0211/48 29 53

Checkpoint Charlie
c/o Siegfried Pabst
3502 Vellmar 1
Marburgerstr. 92
Tel.: 0561/82 28 13

Franz K.
c/o Stefan Josefus
581 Witten
Bellerslohstr. 26
Tel.: 02302/5 63 67

Arnold Leifert
5 Köln 41
Peter-v.-Fliesteden-Str. 16
Tel.: 0221/49 62 49

Eulenspygel
c/o Matthias Thurow
7313 Reichenbach
Lötzelbachstr. 22
Tel.: 07153/5 81 41

Fasia Jansen
42 Oberhausen
Josefplatz 3

Lokomotive Kreuzberg
c/o Andi Brauer
1 Berlin 30
Eisenacherstr. 122
Tel.: 0311/2 16 18 72

Volks-Musik
(ehemals *Hotzenplotz)*
c/o Albrecht Metzger
7 Stuttgart
Werastr. 8
Tel.: 0711/24 69 33

Ton-Steine-Scherben
c/o David Volksmund
1 Berlin 61
Tempelhofer Ufer 61
Tel.: 0311/2 51 69 61

Duisburger Songgruppe
„Kattong"
c/o Frank Baier
415 Krefeld
Gathehofstr. 154
Tel.: 02151/77 54 12

Christiane und Fredrik
Christiane Knauf/Fredrik Vahle
6301 Salzböden
Hauptstr. 9a
Tel.: 06406/26 86

Peter Keiler
1 Berlin 30
Treuchtlingerstr. 1

Joan und Jose
Joan Esteller
69 Heidelberg
Kleine Mantelgasse 29
Tel.: 0611/55 35 37

Werkkreis-Anschriften

Werkkreis Literatur der Arbeitswelt 5 Köln, Fach 180227
Kontakt-Adressen der Werkstätten

Augsburg: Christian Kneifel, 89 Augsburg, Mühlstr. 16, Tel. 4 12 63
Bonn: Carlo Bredthauer, 53 Bonn, Meckenheimer Allee 103, Tel. 65 52 50
Bielefeld: Georg H. Hehmann, 48 Bielefeld, Bernhard-Kramer-Str. 8a, Tel. 32 13 10
Braunschweig: Reinhard Försterling, 3301 Volkmarode, Rossestr. 4
Bremen: Jürgen Alberts, 28 Bremen, Colmarerstr. 6
Dortmund: Oskar Schammidatus, 463 Bochum-Oberdahlhausen, Hasenwinkeler Str. 206
Düsseldorf: Josef Ippers, 404 Neuß, Marienstr. 15, Tel. (Neuß) 5 77 97
Essen: Werner Krüger, 468 Wanne-Eickel, Kurhausstr. 49
Frankfurt: Rudi Kaske, 6232 Neuenhain, Taunusstr. 30, Tel. 06196/2 34 85
Freiburg: Marianne Rätzsch, 78 Freiburg, Gartenstr. 14
Göttingen: Marianne Seidel, 34 Göttingen, von Bar-Str. 2—4
Hamburg: Rainer Hirsch, 2 Hamburg 20, Frickestr. 49, Tel. 46 32 16 (abends)
Hannover: Günter Müller, 3 Hannover, Davenstedter Holz 57, Tel. 48 37 67
Köln: Horst Werder, 5075 Bechen-Herscherthal, Tel. 2084/255 (Büro)
Mainz: Irmgard H. Suchier, 65 Mainz, Weihergartenstr. 22, Tel. 2 01 28
Mannheim: Heinrich Bitsch, 6804 Ilvesheim, Neckarstr. 4, Tel. 87 21 94
Mülheim: Aletta Eßer, 414 Rheinhausen, Auf dem Dudel 33, Tel. 7 24 34
München: Erika Ruckdäschel, 8 München 13, Hohenzollernstr. 99
Nürnberg: Horst R. Heß, 8501 Fürth/Stadeln, Schillerstr. 15, Tel. 76 31 69
Oberhausen: Hildegard Matz, 42 Oberhausen, Broicherstr. 42, Tel. 80 33 00
Stuttgart: Peter Grohmann, 7 Stuttgart, Kernerstr. 49, Tel. 24 12 01
Tübingen: Andreas Ruoff, 74 Tübingen, Melanchthonstr. 23
Wattenscheidt: Frank Göhre, 463 Bochum, Uhlandstr. 88, Tel. 1 92 57
Westberlin: Wolfgang Röhrer, 1 Berlin 46, Sonderhauserstr. 75a, Tel. 7 11 99 75
Wuppertal: Edith Rabasseda, 56 Wuppertal-Oberbarmen, Schwarbach 4, Tel. 64 43 97
Zürich: Horst Buchwald, 8008 Zürich, Höschgasse 36

Quellennachweis

Der Abdruck folgender Texte geschieht mit freundlicher Genehmigung der Rechteinhaber:

Bedenkt, der Klassenfeind schläft nie! aus: agitprop, hrsg. von Fuhrmann u. a., Quer Verlag, Hamburg o. J.

Die Stadt das Werk der Boß und ich, aus: Revier heute, hrsg. von Hugo Ernst Käufer, Georg Bitter Verlag, Recklinghausen 1972.

Die Internationale; Dem Morgenrot entgegen; Auf, auf zum Kampf; In Hamburg fiel der 1. Schuß; Der Revoluzzer; Der Rote Wedding; Gustav Kulkes seliges Ende; Stempellied; Solidaritätslied; Einheitsfrontlied, aus: Lieder gegen den Tritt, hrsg. von Annemarie Stern, Asso Verlag, Oberhausen 1972.

Demokratie; Wenn das Kapital schon wackelt; Das Wunder vom 1. Mai; Doch du; Herr Lehrer, Herr Lehrer; Auch du, Kollege Müller, aus: Lieder der Arbeiterklasse 1914—1933, hrsg. von Klaus Kuhnke, Damokles Verlag, Ahrensburg 1971. Der Abdruck der Texte: *Demokratie*; *Das Wunder vom 1. Mai*; *Auch du, Kollege Müller* erfolgt mit freundlicher Genehmigung des Aufbau Verlages, Berlin und Weimar; des Textes: *Doch du* mit Genehmigung des VEB Musikverlags Friedrich Hofmeister, Leipzig.

Aufforderung zum Streik; Der Bürger; Hugenberg; Wie hetze ich erfolgreich? ; Warum ich kein Kommunist sein kann, aus: alternative 48, Berlin, Juni 1966. Der Abdruck des Textes: *Wie hetze ich erfolgreich?* erfolgt mit freundlicher Genehmigung des Aufbau Verlages, Berlin und Weimar.

Fließbandbaby; Auf dem Markt; Wir stehen immer am Rande, aus: Profitgeier und andere Vögel, Floh de Cologne, Verlag Klaus Wagenbach, Berlin 1971.

Fischer Taschenbuch Verlag

Literatur der Arbeitswelt

Werkkreis Literatur der Arbeitswelt
Helmut Creutz
Gehen oder kaputtgehen
Betriebstagebuch
Originalausgabe. Band 1367

Werkkreis Literatur der Arbeitswelt
Liebe Kollegin
Hg.: Werkstatt Berlin,
Britta Noeske, Gabi Röhrer
Originalausgabe. Band 1379

Arbeitersongbuch
Hg.: Peter Kühne u. a.
Originalausgabe. Band 1403

Werkkreis Literatur der Arbeitswelt
Der rote Großvater erzählt
Hg.: Werkstatt Hamburg
Jürgen Alberts
Originalausgabe (in Vorbereitung).

Werkkreis Literatur der Arbeitswelt
Schichtarbeit
Hg.: Werkstätten Dortmund,
Hamburg, Berlin
Originalausgabe (in Vorbereitung).

Werkkreis Literatur der Arbeitswelt
Stories für uns
Hg.: Werkstatt Hamburg,
Jürgen Alberts, Peter Fischbach,
Peter Sauernheimer
Originalausgabe. Band 1393

Werkkreis Literatur der Arbeitswelt
Herbert Somplatzki
Muskelschrott
Roman
Originalausgabe (in Vorbereitung).

Fischer
Taschenbuch
Verlag

›Informationen zur Zeit‹ – Darstellungen, Materialien, Analysen

Veränderung der Gesellschaft

Veränderung der Gesellschaft
Sechs konkrete Utopien
Hg. v. Hendrik Bussiek
Bd. 1092/Originalausgabe

Wege zur veränderten Gesellschaft
Politische Strategien
Hg. v. Hendrik Bussiek
Bd. 1205/Originalausgabe

Svetozar Stojanović
Kritik und Zukunft des Sozialismus
Bd. 1264

Weltfrieden und Revolution
Hg. v. Hans-Eckehard Bahr
Bd. 1102

Politik der BRD

Wilfried v. Bredow
Die unbewältigte Bundeswehr
Zur Perfektionierung eines Anachronismus
Bd. 1353/Originalausgabe

Peter Brückner
Freiheit, Gleichheit, Sicherheit
Von den Widersprüchen des Wohlstands
Bd. 1324

Harold Rasch
Politik mit dem Osten
Von der Abschreckung zum Frieden
Bd. 1165/Originalausgabe

Probleme der Arbeiterklasse

Anpassung oder Widerstand?
Gewerkschaften im autoritären Staat
Hg. v. Sven Papcke
Bd. 1094/Originalausgabe

Erwin Breßlein
Drushba! Freundschaft?
Von der Kommunistischen Jugendinternationale zu den Weltjugendfestspielen
Bd. 1358/Originalausgabe

Schwarzbuch: Ausländische Arbeiter
Hg. v. Siegmar Geiselberger
Bd. 1325/Originalausgabe

Gewerkschaften und Klassenkampf
Kritisches Jahrbuch 1972
Hg. v. O. Jacobi/W. Müller-Jentsch/E. Schmidt
Bd. 1312/Originalausgabe